Las Instalaciones Deportivas en España y su Incidencia en la actividad físico-deportiva de la población

Pablo Burillo

El Deporte es una verdadera Revolución.
El combatiente es el atleta;
el entrenamiento, su arma;
y la instalación,... el campo de batalla.

AGRADECIMIENTOS

Esta obra es fruto de una exploración y reflexión sobre las instalaciones deportivas españolas tras analizar los resultados del Censo Nacional de Instalaciones Deportivas de 2005, que fue presentada para la obtención del Diploma de Estudios Avanzados en la Facultad de Ciencias del Deporte de la Universidad de Castilla-La Mancha, el 21 de mayo de 2008 en Toledo.

Por ello, en primer lugar me gustaría dar mi agradecimiento a la Directora del Censo Nacional, la Dra. Leonor Gallardo, también directora de esta investigación. Por darme su apoyo y confiar en mí desde el inicio; por su trato, su incansable profesionalidad, y por último, y sobre todo, por enseñarme que lo más importante son las personas.

También quiero dar las gracias a Marta García Tascón, por su constante ayuda y compañerismo; gracias amiga. A Juan José Salinero y Ramón García, porque también son parte de este trabajo.

En especial, quiero mostrar mi agradecimiento a toda mi familia, a mis tíos, primos y mis cuatro abuelos, por todo su cariño. A mi hermana Alicia, por ser mi espejo, o yo el suyo. Sobre todo a mis padres, Pablo y Juani, por darme siempre la oportunidad sin pedir nada a cambio. Sin su apoyo y ayuda diaria nada de esto hubiera sido posible. De verdad Gracias. Y a Esther, porque devolver su ayuda, me llevará toda la vida.

ÍNDICE

0. INTRODUCCIÓN 3

PARTE I: Fundamentación Teórica

1. EL CONTEXTO SOCIAL DE ESPAÑA 9

2. EL SISTEMA DEPORTIVO ACTUAL EN ESPAÑA 16

2.1 El deporte y su evolución en la sociedad actual 16
2.1.1 El deporte y su significación 16
2.1.2 El fenómeno deportivo en el contexto social 19
2.1.3 Los modelos deportivos contemporáneos 26

2.2 La estructura y organización del sistema deportivo español 30
2.2.1 La concepción del sistema deportivo 30
2.2.2 La organización administrativa-deportiva en España 33
2.2.2.1 El ordenamiento jurídico-deportivo en España 34
2.2.2.2 La estructura deportiva en España 38

2.3 La gestión deportiva en España 43
2.3.1 La gestión deportiva de las corporaciones locales 43
2.3.2 La gestión deportiva en las Comunidades Autónomas 47
2.3.3 Nuevas perspectivas en la gestión deportiva 49

2.4 La práctica físico-deportiva en la sociedad del Bienestar 53

2.5 La dimensión económica del deporte 60
2.5.1 La dimensión económica de las instalaciones deportivas 62

3. LAS INSTALACIONES DEPORTIVAS 69

3.1 La evolución histórica de la infraestructura deportiva 69
3.1.1 La evolución histórica de la arquitectura e infraestructura deportiva en España 76

3.2 Los espacios deportivos. Clasificación y tipología 79
3.2.1 Tipos de espacios deportivos 83
3.2.2 Los espacios complementarios 86
3.2.3 Los servicios auxiliares 86

3.3 La influencia de las instalaciones deportivas en la actividad física de la población 87

3.4 La gestión y planificación de instalaciones deportivas 91

3.5 El Censo Nacional de Instalaciones Deportivas 98
3.5.1 Evolución del Censo Nacional de Instalaciones Deportivas 99
3.5.2 Concepción del Censo Nacional de Instalaciones Deportivas 101

3.6 Calidad y sostenibilidad de la infraestructura deportiva 105
3.6.1 El concepto de calidad y su evolución en el ámbito deportivo 106
3.6.2 Sistemas de calidad aplicados en las instalaciones deportivas 108
3.6.3 Sostenibilidad y certificación medioambiental en las instalaciones deportivas 111

3.7 La seguridad y accesibilidad en las instalaciones deportivas 115

3.8 El agua como principal protagonista de las instalaciones deportivas y de la actividad física actual 117
3.8.1 Las actividades acuáticas de la población 117
3.8.2 Las instalaciones acuáticas 118

PARTE II: Estudio de la Dotación de Instalaciones Deportivas en las Comunidades Autónomas y su Incidencia en la Actividad Física

4. PLANTEAMIENTO DEL PROBLEMA 123
4.1 Objetivos 123
4.2 Hipótesis de trabajo 124
5. DISEÑO METODOLÓGICO 125
5.1 Población 125
5.2 Bases de datos empleadas 125
5.3 Variables objeto de estudio 126
5.3.1 Variables independientes 126
5.3.2 Variables dependientes 130
5.3.3 Indicadores sintéticos 130
5.4 Análisis descriptivo y estadístico de los resultados 131
6. PRESENTACIÓN DE LOS RESULTADOS 134
6.1 Indicador de Población 134
6.2 Indicador Calidad 136
6.3 Indicador Densidad 139
6.4 ISID. Indicador Sintético de las Instalaciones Deportivas 140
6.5 Las instalaciones deportivas y la práctica deportiva de la población 146
6.5.1 Análisis del posicionamiento del ISID y la práctica deportiva 146
6.5.2 Análisis de regresión múltiple de la práctica deportiva en función de las variables propuestas 149
6.5.2 Análisis de regresión múltiple de la práctica deportiva en función de los indicadores sintéticos parciales 151
6.6 Contraste de hipótesis 151

PARTE III: DISCUSIÓN Y CONCLUSIONES DE LA INVESTIGACIÓN

7. DISCUSIÓN 157
8. CONCLUSIONES DEL ESTUDIO 163
8.1 Conclusiones 163
8.2 Limitaciones y posibles líneas de investigación 165
8.2.1 Limitaciones del estudio 165
8.2.2 Futuras líneas de investigación 166
9. REFERENCIAS BIBLIOGRÁFICAS 169

0. INTRODUCCIÓN

La humanidad siempre ha realizado actividad física. Éste es un acto inherente a la propia condición humana. Las diferentes civilizaciones no han hecho más que adaptar los juegos y prácticas tradicionales y someterlas a reglas. Sin embargo, los lugares donde se han desarrollado estas prácticas han ido evolucionando, acotándose y delimitándose sus espacios, hasta crear una compleja maraña de sitios o zonas en las que en la actualidad podemos hacer deporte y actividad física.

Desde las primitivas áreas de actividad, donde se ejercían actividades de caza, equitación o lucha, pasando por las clásicas instalaciones griegas de Olimpia, como la Palestra o el Gimnasio, o los primeros edificios de la Revolución Industrial, como el Royal Albert Hall de Londres o el Madison Square Garden de Nueva York, hasta llegar a nuestros días, con la más evolucionada y costosa instalación de la época moderna, el Estadio Olímpico de Beijing, conocido como el "Nido de Pájaros", se ha progresado en la concepción de parámetros de diseño, dimensión, economía, acceso, utilidad y aprovechamiento, hacia lugares deportivos que satisfagan a todos los usuarios deportivos implicados (deportistas, entrenadores, jueces, espectadores, etc.).

La instalación deportiva, lejos de representar un lugar y espacio inerte, es cómplice de la indudable función social y saludable que se desarrolla a través de la práctica físico-deportiva. Por tanto, su diseño, planificación, control, mantenimiento y gestión debe ser calculado cuidadosamente, para el éxito de la misma en la promoción y desarrollo de hábitos saludables de la población.

Numerosos estudios internacionales avalan que el entorno físico puede tanto facilitar como desanimar la práctica deportiva (Andrews *et al.*, 2005; Bale, 2001; Duncan *et al.*, 2002; Metcalfe, 1993; Sallis y Owen, 1996; Stahl *et al.*, 2001). Por tanto, debemos entender que las intervenciones en el entorno, con la creación de nuevas instalaciones deportivas, suponen intervenciones pasivas en la sociedad, ya que requieren que la gente actúe, para producir cambios en las conductas, reducir los riesgos de enfermedades y promover una vida más sana. Estas investigaciones han demostrado el potencial e influencia que tiene en el aumento de la práctica de actividad física, si la construcción de instalaciones deportivas se realiza en base a una programación eficaz y se sitúan en espacios estratégicos.

España ha sufrido una gran evolución en la construcción de instalaciones deportivas desde los años 70, fruto innegable del poder adquirido por los Ayuntamientos democráticos y del desarrollo de los Estatutos de Autonomía de las regiones. La descentralización de las competencias en materia deportiva ha posibilitado un mayor acceso a la actividad físico-deportiva de la ciudadanía, al crearse numerosos organismos autónomos, más cercanos y concientes de la realidad deportiva popular. A pesar de que el Consejo Superior de Deporte posee, entre otras funciones, el desarrollo de la normativa y construcción de instalaciones deportivas, han sido fundamentalmente las Comunidades Autónomas las que han promocionado y subvencionado durante estos los últimos años la edificación de la mayor parte de la infraestructura deportiva.

"*El estado de las Autonomías, basado en un equilibrio competencial entre las distintas Administraciones Públicas, hace ineludible una estrecha coordinación y cooperación entre ellas, basadas en la confianza muta, el respeto y la lealtad institucionales*" (Lissavetzky[1], 2007).

La aportación de herramientas de planificación y control, como lo son el Censo Nacional de Instalaciones Deportivas, efectuado por el Consejo Superior de Deportes, o la Encuesta de Hábitos Deportivos de los españoles, realizada por el Centro de Investigaciones Sociológicas, nos ofrecen datos muy relevantes, que justifican el estudio y análisis de este trabajo, para poder adelantarnos al futuro en la mejora de la gestión de instalaciones deportivas.

El III Censo Nacional de Instalaciones Deportivas de 2005 es un buen ejemplo de la colaboración institucional entre las autoridades públicas de los tres niveles (local, autonómico y estatal). Esta herramienta, utilizada para analizar la evolución del sistema deportivo español desde la red de instalaciones que facilitan el acceso a la práctica físico-deportiva, ha conseguido recoger datos de toda la infraestructura deportiva, de uso colectivo y titularidad tanto pública como privada, de todas y cada una de las Comunidades y Ciudades Autónomas españolas, censando la cifra total de 79.059 instalaciones deportivas y 176.461 espacios deportivos.

[1] Jaime Lissavetzky fue Secretario de Estado de Deportes y presidente del Consejo Superior de Deportes, de 2004 a 2011. Esta reflexión se encuentra en el prólogo realizado del libro: Gallardo, L. (2007). *Censo Nacional de Instalaciones Deportivas 2005. España.* Madrid: CSD. MEC.

Sin embargo, ese fuerte crecimiento en la edificación de nuevos espacios deportivos está llegando a su fin. El valor económico y social del suelo, la masificación de viviendas familiares, la falta de espacio protegido, la gran oferta de actividades y de instalaciones de muy diversa índole, junto el bajo uso de algunos espacios deportivos, ha de replantear a las autoridades la proyección y puesta en marcha de nuevos planes de instalaciones deportivas. Los Ayuntamientos no pueden seguir siendo entidades de crédito a fondo perdido. La sostenibilidad y autofinanciación de las organizaciones deportivas son los criterios que deben primar en la gestión de instalaciones deportivas. El modelo de "Deporte para Todos" no se ha extinguido, pero sí evolucionado considerablemente. La infraestructura deportiva debe concebirse siempre con un marcado fin social, que aglutine al mayor número de usuarios posibles, intentando asegurar parámetros de calidad; pero eso sólo es posible con una buena planificación de viabilidad deportiva y económica previa. Las organizaciones deportivas públicas no pueden seguir subvencionando el deporte a "coste cero".

Figura 0.1. Estadio Olímpico de Beijing 2008 "*The Bird Nest*" (Nido de pájaros)

La sostenibilidad implica no sólo a aspectos de índole medioambiental, sino también económicos y sociales. El derroche de recursos económicos y energéticos de algunas instalaciones deportivas es también una realidad. La construcción y apertura de muchas de las mismas han seguido, y siguen cada temporada, criterios eminentemente políticos y no técnicos. Cada realidad social debe tener los espacios deportivos adecuados a su entorno, a su necesidad y a sus posibilidades de mantenimiento. Con el tiempo, gran parte de la infraestructura deportiva que se está construyendo tendrá que cerrar sus puertas, por sus altos costes de mantenimiento y medioambientales. Se convertirán en almacenes, naves y solares vacíos, consecuencia directa de una deficitaria planificación, sobre todo de las autoridades y técnicos que han apostado y subvencionado estos proyectos.

La planificación de instalaciones deportivas pasa inexorablemente por el conocimiento de nuestra realidad actual. Es absurdo crear nuevos espacios deportivos si se desconocen la tendencia de la práctica deportiva de la población objeto, la extensión necesaria para los mismos, o la oferta externa de las demás organizaciones, entre otros parámetros. Son necesarios más referencias y datos cuantitativos y cualitativos, que la clásica construcción en base a un indicador del número de población y área de influencia. Los clientes aprecian cada vez más los servicios en instalaciones de calidad, así como se ha tener en cuenta la densidad de espacios en función de la extensión territorial.

Hoy más que nunca debemos de responder cuestiones tales como: ¿Es necesario seguir construyendo nuevas instalaciones deportivas? ¿Cuánta población práctica actividad física en cada una de nuestras instalaciones? ¿Cuál es nuestra demanda real de instalaciones deportiva? ¿Se puede permitir un ayuntamiento tener X m^2 de espacios deportivos vacíos? ¿Cuál es el gasto económico de cada instalación deportiva? ¿Cuál es el uso de cada instalación deportiva? ¿Influye el porcentaje de actividad física de mi población dependiendo del estado de mi infraestructura deportiva?

Este estudio trata de analizar la infraestructura deportiva de las Comunidades Autónomas de España, bajo parámetros cuantitativos y cualitativos, en función de los datos obtenidos por el Censo Nacional de Instalaciones Deportivas de 2005. Esta investigación descriptiva nos permitirá clasificar y posicionar a cada una de la Comunidades Autónomas, gracias a la confección de un Indicador Sintético creado por un grupo de expertos, denominado ISID (Indicador Sintético de las Instalaciones Deportivas), de manera que pretende servir de herramienta a los responsables y autoridades deportivas a la hora de confeccionar las futuras planificaciones deportivas.

PARTE I:
FUNDAMENTACIÓN TEÓRICA

1. EL CONTEXTO SOCIAL DE ESPAÑA

España es un Estado soberano, integrado dentro de la Unión Europea. Está situada al suroeste del continente europeo y además, cuenta en su territorio con 2 archipiélagos (Baleares y Canarias) y 2 Ciudades al Norte de África (Ceuta y Melilla). Los límites físicos de España son los siguientes: al Oeste, Portugal y el océano Atlántico, el mar Mediterráneo al Este, el estrecho de Gibraltar al Sur y los Pirineos, junto con el golfo de Vizcaya y el mar Cantábrico al Norte. Esta situación entre el Atlántico y el Mediterráneo, entre Europa Occidental y África, ha hecho de España un cruce de caminos, amalgama de pueblos y civilizaciones, confiriéndole todavía hoy, un especial valor estratégico.

Este país, rural y agrario por excelencia durante la primera mitad del siglo XX, ha pasado vertiginosamente a ser una sociedad industrial, modernizada y urbana en menos de 30 años. Esto significa que su filosofía y forma de vida se ha transformado completamente, y por consiguiente todas las Instituciones y ámbitos que la integran, como el deporte, la economía, la educación, la sanidad, la administración, etc.

España está compuesta por 17 Comunidades Autónomas (Andalucía, Aragón, Principado de Asturias, Islas Baleares, Canarias, Cantabria, Castilla y León, Castilla-La Mancha, Cataluña, Comunidad Valenciana, Extremadura, Galicia, Comunidad de Madrid, Región de Murcia, Comunidad Foral de Navarra, País Vasco y La Rioja) y 2 Ciudades Autónomas (Ceuta y Melilla), según se observa en la figura 1.1.

La estructura de España en Comunidades Autónomas se recoge en la Constitución de 1978, en su artículo 2, donde se reconoce y garantiza el derecho a la autonomía de las nacionalidades y regiones que componen el Estado. Las Comunidades y Ciudades Autónomas son entidades territoriales dotadas de autonomía legislativa y competencias ejecutivas y administrativas, así como de elección de sus propios representantes.

Figura 1.1. Composición geopolítica de España

En toda su extensión encontramos climas de muy distinta índole, y con notables diferencias y combinaciones de los mismos. El clima presenta tres zonas bien diferenciadas: una zona de clima oceánico, que afecta a la Región Cantábrica y a Galicia, con temperaturas suaves y pluviosidad abundante, regularmente repartidas; la zona interior con clima continental, con lluvias escasas y temperaturas extremas, y la zona de clima mediterráneo que comprende la franja adyacente al litoral este, y presenta temperaturas suaves, lluvias no muy abundantes y acentuada sequía estival.

Respecto a la demografía, España cuenta con una extensión de 505.997 km^2 y una población de 44.708.964 habitantes a 1 de enero de 2006 (INE, 2006). Su densidad de población es de 88,4 hab/km^2, valor situado por debajo de la media de la Unión Europea (116,1 hab/km^2). El país tiene actualmente 40,8 millones de personas de nacionalidad española, y 3,9 millones de extranjeros (lo que supone el 8,7% del total de empadronados). En los últimos años, la demografía ha sufrido un fuerte incremento y un ritmo de crecimiento cercano al 2% anual. La baja tasa de mortalidad (8,7%), la creciente llegada de población inmigrante, y la recuperación y aumento de la tasa de natalidad (10,7%), son los principales agentes que favorecen esta situación (Tabla 1.I).

Tabla 1.I. Población española censada a 1 de enero de 2006 (INE, 2006)

Población referida a 1 de enero de 2006	Total	Varones	Mujeres
Andalucía	7.975.672	3.958.565	4.017.107
Aragón	1.277.471	636.659	640.812
Asturias	1.076.896	516.347	560.549
Baleares	1.001.062	501.899	499.163
Canarias	1.995.833	1.001.394	994.439
Cantabria	568.091	277.869	290.222
Castilla-La Mancha	1.932.261	970.867	961.394
Castilla y León	2.523.020	1.247.158	1.275.862
Cataluña	7.134.697	3.543.706	3.590.991
Ceuta	75.861	38.581	37.280
Comunidad Valenciana	4.806.908	2.394.307	2.412.601
Extremadura	1.086.373	540.352	546.021
Galicia	2.767.524	1.333.797	1.433.727
La Rioja	306.377	154.556	151.821
Madrid (Comunidad de)	6.008.183	2.908.654	3.099.529
Melilla	66.871	33.962	32.909
Navarra	601.874	300.917	300.957
País Vasco	2.133.684	1.043.849	1.089.835
Región de Murcia	1.370.306	697.027	673.279
- Total España -	**44.708.964**	**22.100.466**	**22.608.498**

La población española no se reparte de forma homogénea por todo el territorio, y se muestran notables diferencias entre las Comunidades Autónomas. Las que mayor densidad de población registran son la Comunidad de Madrid (740 hab/km^2), País Vasco (300 hab/km^2) y Canarias (260 hab/km^2). Por el contrario, las zonas de menor densidad encuentran en Castilla–La Mancha (25 hab/km^2) y Extremadura (26 hab/km^2).

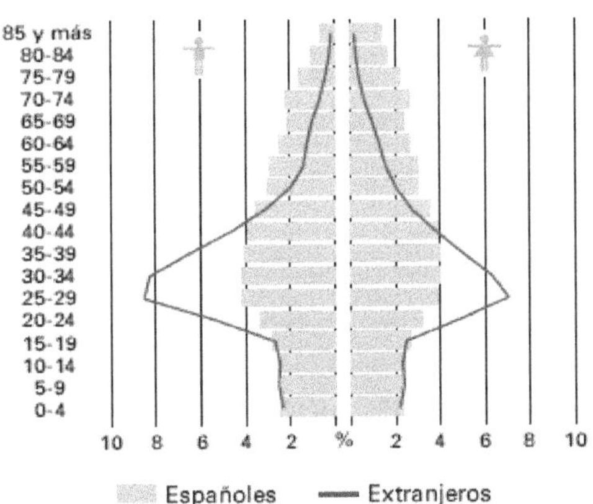

Figura 1.2. Pirámide de población española y extranjera a 1 de enero de 2006 (INE, 2006)

Analizando la pirámide de población, como aspecto principal se observa en el figura 1.2, un importante incremento en la parte central, gracias a la llegada de jóvenes extranjeros (en su mayoría hombres), lo que ha favorecido en general, la desaceleración del envejecimiento de la población española. También podemos destacar como en el grupo de españoles mayores de 70 años, sigue predominando el género femenino con valores que pasan el 2% frente al género masculino que no llega a este 2%.

En total hay 8.110 Municipios en España. Las 8 principales ciudades con mayor número de habitantes son Madrid (3.155.359 habitantes), Barcelona (1.593.075 habitantes), Valencia (796.549 habitantes), Sevilla (704.154 habitantes), Zaragoza (647.373 habitantes), Málaga (558.287 habitantes), Murcia (409.810 habitantes) y Las Palmas de Gran Canaria (378.628 habitantes). La distribución de Municipios por número de habitantes se muestra en la (tabla 1.II).

Tabla 1.II. Distribución de Municipios españoles (INE, 2006)

	Total	Menos de 101	De 101 a 500	De 501 a 1.000	De 1.001 a 2.000	De 2.001 a 3.000	De 3.001 a 5.000	De 5.001 a 10.000	De 10.001 a 20.000	De 20.001 a 30.000	De 30.001 a 50.000	De 50.001 a 100.000	De 100.001 a 500.000	Más de 500.000
Total	**8.110**	**973**	**2.855**	**1.065**	**943**	**531**	**485**	**547**	**348**	**137**	**91**	**76**	**53**	**6**

En el análisis de la evolución de la economía de España en los últimos 15 años observamos que, en términos de PIB (Producto Interior Bruto), el crecimiento real de la economía española en 2005 (tasa de variación anual del PIB en volumen) es de un 3,4%, siendo este índice siempre superior a la media de la Unión Europea (INE, enero de 2006). Asimismo, encontramos que el PIB *per cápita*, también un fuerte aumento respecto al año anterior de un 6,2% lo que supone un total de 20.838 euros por ciudadano.

La Comunidad Autónoma que ha liderado el crecimiento de la economía en 2005 fue la Comunidad de Madrid, cuyo PIB creció un 4% en términos reales, 6 décimas más que la media nacional. Le siguieron Extremadura y Murcia, con un crecimiento del 3,8%, y el País Vasco, con un 3,7%. Como en los tres años precedentes, Islas Baleares fue la región que experimentó el menor dinamismo en su economía en 2005, creciendo un 2,4%, un punto menos por debajo de la media española.

En términos PIB *per cápita* (también llamado *Renta per cápita*), que muestra la tabla 1.III, la Comunidad de Madrid vuelve a encabezar la lista de Comunidades Autónomas que en el año 2005, con un PIB por habitante de 27.279 euros, un 30,9% superior a la media española, seguida del País Vasco, con 26.515 euros, Navarra, con 26.489 euros, y Cataluña, con 24.858 euros por habitante. Estas cuatro Comunidades Autónomas son las únicas que poseen un registro no solo superior a la media española sino también a la media de la Unión Europea, que asciende a 23.400 euros por habitante. En el lado opuesto se encuentran Andalucía, con 16.100 euros por habitante, y Extremadura, con 14.051 euros.

Tabla 1.III. Producto Interior Bruto (PIB) per cápita, año 2005 (INE, 2006)

por encima de la media nacional		*por debajo de la media nacional*	
Comunidad de Madrid	27.279	Cantabria	20.554
País Vasco	26.515	Castilla y León	19.782
Comunidad Foral de Navarra	26.489	Comunidad Valenciana	19.057
Cataluña	24.858	Canarias	18.879
Illes Balears	22.947	Ceuta	18.860
La Rioja	22.548	Principado de Asturias	18.533
Aragón	22.403	Melilla	18.304
		Región de Murcia	17.322
		Galicia	16.870
		Castilla - La Mancha	16.314
		Andalucía	16.100
		Extremadura	14.051
ESPAÑA	20.838		
pro memoria:			
UNION EUROPEA UE-25	23.400	(Eurostat)	

Estos resultados nos permiten observan como, a excepción de Madrid e Islas Baleares, el denominado "*Eje del Ebro*" sigue marcando los territorios que tienen un PIB por habitante superior a la media nacional.

Analizando las variaciones interanuales del PIB correspondiente al período 2000-2005 (tabla 1.IV), se estima que el crecimiento medio nacional fue del 3,15%. Siete Comunidades Autónomas crecieron por encima de ese registro. La lista la encabeza la Región de Murcia, con un crecimiento medio del 3,89% en el período 2000-2005, seguida de Andalucía, con un 3,65%, y de Canarias y Castilla-La Mancha, ambas con un 3,43%.

Por el contrario, los territorios que menos crecieron en dicho período fueron Galicia, con un 2,69%, el Principado de Asturias, con un 2,67% y, finalmente, Islas Baleares, con un incremento medio de su PIB del 1,97%.

Tabla 1.IV. Tasa de crecimiento anual media del PIB entre los años 2000 y 2005 en términos reales (INE, 2006)

por encima de la media nacional		*por debajo de la media nacional*	
Región de Murcia	3,89	Castilla y León	3,09
Andalucía	3,65	Ceuta	3,06
Canarias	3,43	Comunidad Valenciana	3,04
Castilla - La Mancha	3,43	Comunidad Foral de Navarra	3,02
Extremadura	3,36	Cataluña	2,99
Cantabria	3,28	Melilla	2,98
Comunidad de Madrid	3,25	La Rioja	2,90
Aragón	3,19	País Vasco	2,87
		Galicia	2,69
		Principado de Asturias	2,67
		Illes Balears	1,97
ESPAÑA	3,15		

En lo que se refiere a la educación, en España la cifra de alumnos en el curso académico 2004-2005, según el Ministerio de Educación y Ciencia (MEC) es de 8.441.616, un 0,3% mayor que el curso precedente. De los cuales, 6.968.168 son alumnos de enseñanza no universitaria (Educación Infantil, Educación Primaria, Educación Especial, ESO, Bachiller, Ciclo de Formación de Grado Medio y Superior y Programas de Garantía Social) y 1.473.448 de educación universitaria. El incremento de alumnos de este curso viene producido principalmente por el considerable aumento de estudiantes matriculados en Educación Infantil (un 3,9% más que en el año anterior), consecuencia de la incorporación de alumnos extranjeros además del aumento de la natalidad.

En España en el curso 2004-2005 existen 22.232 Centros de Educación de Régimen General no Universitarios (MEC, 2006), 15.930 de enseñanza pública y 6.348 de enseñanza concertada y privada. Siendo el total de centros educativos tanto de Régimen General no Universitarios y Universitarios, 27.346, repartidos por las diferentes Comunidades Autónomas y las Ciudades Autónomas de Ceuta y Melilla. (Tabla 1.V).

Tabla 1.V. Número de centros educativos de Régimen General no universitarios, curso 2004-2005 en las Comunidades Autónomas (MEC, 2006)

CC.AA	Total Rég. General no universitarios	Centros Ed. Infantil	Centros Ed. Primaria	Centros Ed. Primaria y E.S.O	Centros E.S.O. y/o Bachillerato y/o F.P.	Centros Ed. Primaria, E.S.O y Bach./F.P.	Centros específicos Ed. Especial	Centros específicos Ed. distancia
ANDALUCÍA	3.813	280	1.625	710	971	157	60	10
ARAGÓN	724	207	260	74	134	35	14	0
ASTURIAS	455	18	239	57	104	27	10	0
BALEARES	409	48	199	70	65	20	7	0
CANARIAS	1.041	36	627	105	213	39	19	2
CANTABRIA	302	38	146	33	58	18	9	0
CASTILLA-LA MANCHA	1.021	26	630	100	219	26	20	0
CASTILLA Y LEÓN	1.283	114	577	199	282	81	30	0
CATALUÑA	3.964	1.123	1.630	259	622	219	110	1
CEUTA	30	2	11	10	5	1	1	0
COMUNIDAD VALENCIANA	2.066	251	860	366	427	117	44	1
EXTREMADURA	668	34	374	80	138	23	19	0
GALICIA	1.789	427	720	186	349	72	35	0
LA RIOJA	119	5	55	18	31	8	2	0
MADRID (COMUNIDAD DE)	2.546	879	777	146	413	270	61	0
MELILLA	28	5	13	1	7	1	1	0
NAVARRA	366	73	180	20	70	17	5	1
PAÍS VASCO	964	176	334	101	235	97	18	3
REGIÓN DE MURCIA	690	85	342	103	118	30	12	0
TOTAL ESPAÑA	22.278	3.827	9.599	2.638	4.461	1.258	477	18

En la educación universitaria, existen un total de 48 Universidades públicas y 22 privadas. El 90,9% del alumnado universitario estudia en Universidades de carácter público, y el 9,1% de ámbito privado. La cifra de estudiantes universitarios se ha ido reduciendo cerca de un 2% anual en los últimos años, cursando aproximadamente estudios de licenciatura en un 50%, un 25% estudios de diplomatura y un 25% de arquitectura e ingeniería (técnicas y superiores).

2. EL SISTEMA DEPORTIVO ACTUAL EN ESPAÑA

2.1 El deporte y su evolución en la sociedad actual

El deporte constituye hoy en día un elemento característico y representativo de nuestra sociedad. Su importancia y la necesidad de analizar el contexto en el que se desarrollan las relaciones entre la oferta y la demanda deportiva, así como con los distintos agentes del sistema, constituyen los pilares para comprender la lógica interna de cualquier estudio de ámbito social.

El fenómeno deportivo, como producto social, ha sufrido una evolución condicionada por la relación que se ha establecido entre deporte y sociedad. Por evolución se entiende un proceso continuo de cambio, mediante modificaciones internas o por adaptaciones al medio en el que desarrollan sus funciones (Dorado, 2006). Independientemente del contexto al que se haga referencia, en cualquier civilización siempre han existido las prácticas físicas y recreativas, por lo que su estudio y su relevancia están plenamente justificados.

2.1.1 El deporte y su significación

Gran cantidad de estudios han pretendido analizar y contextualizar el origen del deporte entendido desde un punto de vista moderno, centrados en la estructuración y regulación de su práctica, en la competición y en el espectáculo. Esta necesidad de aproximarse al concepto de deporte viene determinada porque sus acotaciones ofrecen un sentido muy amplio en su concepto, haciendo referencia a multitud de acciones y prácticas.

La dificultad de definir el término *deporte* como concepto, radica principalmente en que es un fenómeno que cambia sin cesar, ampliando y modificando continuamente sus significados. Tal y como reconocen Giese y Cote (1999) aún no se ha podido llegar a un acuerdo con ninguna de las definiciones propuestas de manera formal.

A lo largo de la historia el *deporte* se ha aplicado a actividades tan dispares como conversación, burla, paseo a caballo, reposo, canto, ejercicio, juego amoroso, etc.

Predominando en sentido recreativo, el disfrute y el placer sobre la acción deportiva (Zambrana, 2005). Este término, de raíz latina, tiene diversas significaciones desde la antigüedad, y por ejemplo, en los siglos XII y XIII se identificaba en los idiomas romances como diversión, según los estudios realizados por Miguel Piernaviaeja (Blanco *et al.*, 1999).

Delimitar el término deporte, constituye, así, una tarea compleja, pues el contexto manifiesta de por sí que no existe una definición unitaria de todo lo que es y abarca. La Federación Española de Municipios y Provincias (1989), planteó en su manifiesto que "*El deporte constituye en la actualidad un concepto amplio, con manifestaciones incluso divergentes*".

En este sentido, Sánchez Bañuelos *et al.* (2003), manifestaron que "*los comportamientos del ser humano relativos al deporte se enmarcan en una gran variedad de situaciones y actividades dentro de las sociedades avanzadas contemporáneas, posiblemente una de las causas de ello es que el deporte se realiza atendiendo a una diversidad de propósitos y en ámbitos diferentes. Por consiguiente, no se puede afirmar que exista una concepción unitaria de lo que es la práctica deportiva, sino muchas concepciones vinculadas cada una de ellas con unos contextos de práctica distintos. Esta variedad contextual del deporte configura su estructura conceptual, no como algo concretamente definido, sino que su definición puede variar tanto como el conjunto de manifestaciones sociales que se asocian de una forma u otra con el término deporte*" (p. 11).

El Diccionario de la Real Academia Española de la Lengua define *deporte* como "Actividad física, ejercida como juego o competición, cuya práctica supone entrenamiento y sujeción a normas", en una primera acepción; y "Recreación, pasatiempo, placer, diversión o ejercicio físico, por lo común al aire libre" en su segunda.

Existen numerosas definiciones sobre el término deporte y la actividad física, en las que en unos casos se aumentan y acrecientan matices de otras anteriores. Tras la revisión de estas concepciones se puede afirmar que es muy difícil tratar de definir deporte en pocas palabras.

Según De la Plata (2001), "*los intentos que se han realizado dejan escapar alguna característica necesaria para explicar en qué se traduce el deporte en nuestros días y, lo que es más importante, qué será deporte en el futuro*" (p. 89).

Para Lagartera (1990). Hay 4 cuestiones a tener en cuenta, al intentar afrontar la definición de deporte:

1. El deporte pertenece al campo de lo obvio, del terreno de la vida común y por lo tanto no necesita explicación. Es algo tan cotidiano en la vida de las personas que resulta casi pretencioso intentar apropiarse de un concepto que es universalmente conocido y utilizado.
2. El deporte es un concepto de gran versatilidad semántica, lo que hace que "fagocite" sin cesar distintos ámbitos de la actividad humana. Sirve para definir la actividad de los deportistas de elite y la de los niños que juegan en la calle.
3. El deporte se relaciona estrechamente con un concepto tan importante como el de la salud, llegando en la mayoría de casos a ocupar el espacio del concepto de educación física.
4. Competición, puede ser el único limite semántica que opone alguna resistencia.

Por otro lado, Cagigal (1981) defiende el *deporte*, como una diversión liberal, espontánea, desinteresada... Este autor afirma que "*todavía nadie ha podido definir con general aceptación en qué consiste el deporte: ni como realidad antropocultural, ni como realidad social [...] y cada vez va a ser más difícil definirlo porque el deporte cambia sin cesar y amplía su significado, tanto al referirse a una actitud y actividad humana, como al englobar una realidad social muy compleja*" (p. 24).

Por su parte Real (1991), asevera que lo que hoy se entiende por *deporte*, el considerado "*deporte moderno*", es un producto cultural, el cual tiene precisados fecha y lugar de origen en la Inglaterra de principios del siglo XIX.

Una de las definiciones de *deporte* que hace la Administración pública, como la del Consejo de Europa, queda reflejada en el artículo 2 de la Carta Europea del Deporte de 1992[2], donde hace una definición bastante acorde y conforme con una visión amplia y globalizadora del término, definiéndolo como:

"*Todo tipo de actividades físicas que, mediante una participación, organizada o no, tengan por finalidad la expresión o la mejora de la condición física y psíquica, el desarrollo de las relaciones sociales o el logro de resultados en las competiciones de todos los niveles*".

2.1.2 El fenómeno deportivo en el contexto social

El deporte como fenómeno social y fórmula para la mejora de la calidad de vida de los ciudadanos, ha tenido su eclosión en las dos últimas décadas, especialmente en España desde la celebración de los Juegos Olímpicos de Barcelona '92. Su éxito ha supuesto un cambio en su evolución y aceleración en nuestro país. Este cambio ha implicado un mayor auge en las demandas de práctica deportiva por parte de los ciudadanos. Ocupa un lugar destacado para la salud y en la formación, constituyendo parte de la sociedad de bienestar y de la mejora de la calidad de vida de los ciudadanos (Gómez, 2003).

Siguiendo a Cazorla y García (2003), es reconocida en todos los ámbitos la importancia del deporte como actividad ciudadana voluntaria, como herramienta educativa, como elemento importante en el desarrollo armónico de las personas, en su equilibrio físico y psicológico y en el establecimiento de las relaciones plenas con el grupo y de los grupos entre sí. "*Es, además, un fenómeno social, cultural y económico*

[2] Esta Carta Europea del Deporte surgió con motivo de la Séptima Conferencia de Ministros responsables del Deporte, celebrada en Rodas en mayo de 1992, y sustituye a la Carta Europea del Deporte para Todos del año 1975.

en auge, exponente y exigencia del aumento de calidad de vida y ocupación profesional específica de un creciente número de personas en un amplio espectro de especialidades" (p. 577).

Hoy día, la mayoría de los municipios españoles cuentan con instalaciones deportivas, con personal técnico, con programas deportivos, en muchos casos consolidados, y con una oferta de servicios que pretende cubrir una demanda creciente de los ciudadanos para practicar deporte y realizar ejercicio físico (Correal, 2003).

Para analizar la influencia que ha tenido la evolución del fenómeno deportivo, sería preciso realizar algunas consideraciones sobre la evolución que ha sufrido. En este sentido Durán (1995), plantea que el fenómeno deportivo contemporáneo constituye un campo privilegiado de conocimiento sobre nuestras sociedades.

Son múltiples los cambios y procesos que han modificado el panorama deportivo, hasta convertirlo en un fenómeno de masas. Fenómeno referido tanto al número de practicantes, como al número de espectadores o a los intereses económicos en juego. Esto ha traído consigo la progresiva profesionalización de los deportistas y de la mercantilización de la actividad deportiva (Dorado, 2006). Desde mediados de los '70 del siglo pasado, han sobrellevado un crecimiento paulatino, y en la década de los '80 han llegado a consolidarse como servicios de primer orden en nuestra sociedad. Se puede considerar que esta evolución del fenómeno deportivo ha ido pareja a la evolución social y a la económica y a los profundos cambios que han traído consigo (Dorado, 2006).

El desarrollo del deporte de manera global en la sociedad, y particularmente en España, como elemento integrante del sistema social, ha sido y continuará siendo un fiel reflejo de los cambios políticos, demográficos, económicos y culturales acaecidos en el país (Durán, 1995; García Ferrando, 1997; Martínez del Castillo y Navarro, 1994; Pigeassou y Miranda, 1995). En consecuencia, los profundos procesos de transformación que han tenido lugar en el contexto de la sociedad española, siempre han ido sucedidos de modificaciones sustanciales en el sistema deportivo (Rodríguez, 2001). Estas transformaciones que se han producido en los hábitos e intereses deportivos de los españoles, no han sido ajenas a los cambios experimentados por el conjunto de la sociedad, sino más bien una consecuencia de ellos.

Dadas las transformaciones por las que ha atravesado nuestra sociedad en los últimos tiempos a través de procesos de industrialización, urbanización y mecanización, y como consecuencia de esto, de sedentarismo, el deporte se constituye en un factor importante de equilibrio, salud y ocio para todos. Las actividades físico-deportivas se entienden como elementos de interés general, lo que justifica la estructuración de las políticas públicas en el ámbito autonómico y municipal para que potencien el acceso a la práctica deportiva en la sociedad.

París (1996) advierte que esta evolución ha girado en torno a cuatro grandes ejes: (1) la construcción de la democracia, (2) el desarrollo económico, (3) el "*Estado del Bienestar*" y (4) el papel que España juega en el contexto internacional.

Granada (2003) reconoce que los servicios deportivos municipales han sido el marco referencial de la actividad física de carácter social más importante en España, actuando como intermediarios para aumentar la calidad de vida del ciudadano, además de hacerse eco de las necesidades deportivas de la población.

La incidencia de todos estos cambios ha determinado que la práctica de la actividad física y del deporte sea una de las ocupaciones del tiempo libre más importantes de nuestra sociedad y un fenómeno de repercusión mundial. De este modo, entre los distintos procesos de progreso social que han favorecido la evolución del deporte en España, cabría destacar los siguientes:

1. *Evolución de la estructura de la población* (Heinemann, 1998; Puig y Heinemann, 1991): La disminución de la tasa de la natalidad en los países avanzados y la transformación del núcleo familiar, en el que la familia tradicional pierde importancia frente a otras formas de convivencia, han repercutido en el cambio del perfil de quienes practican deporte y en los modelos deportivos, buscando formas alternativas o diferenciadoras de vida en las cuales se incorpora el deporte.
2. *El incremento continuo de las tasas de urbanización y la progresiva terciarización de la economía y de la población activa* (García Ferrando, 1997;

Martínez del Castillo, 1998): España, hasta finales de los años cincuenta, se caracterizó por ser un país fundamentalmente campesino y agrícola. Sin embargo, con la llegada de los tecnócratas al poder, durante la dictadura franquista, se iniciaron rápidos procesos de transformación demográfica, cultural y económica, como consecuencia del Plan de Estabilización de 1959 y de la transición de un rígido modelo de autarquía hacia un modelo desarrollista de mayor apertura al exterior. De esta manera, en muy poco tiempo y de forma bastante improvisada, la tradicional España rural se convirtió en una sociedad industrial, urbana y turística (Martínez del Castillo, 1991). Un claro indicador de esta evolución fue, por ejemplo, que en 1970 la mayor parte de la población española vivía ya en el medio urbano y que, de la población activa, un 38% trabajaba en el sector industrial y otro 34% en el sector servicios (García Ferrando, 1997).

De modo que desde estas fechas hasta nuestros días, el modelo de sociedad del desarrollo y del consumo, se ha ido consolidando progresivamente. Hasta tal punto, que la actual sociedad española puede ser considerada como una sociedad post-industrial, con crecientes tasas de urbanización y un predominio de las ocupaciones en el sector servicios frente a los sectores industrial y primario (García Ferrando, 1997). Estas modificaciones en las estructuras urbana y ocupacional de nuestra sociedad, han tenido importantes repercusiones en el sistema deportivo.

También influyó la transformación de la estructura y significado del trabajo (Heinemann, 1998; Puig y Heinemann, 1991). El tiempo dedicado al trabajo ha ido reduciéndose considerablemente desde principios de siglo. Hacia 1900 era corriente trabajar cerca de 60 horas semanales, mientras que en la actualidad la cifra tiende a las 35 horas en los países avanzados. A esta tendencia en la reducción de la jornada de trabajo se une la reducción del período de actividad profesional, siendo, a su vez, la inserción en el mundo laboral más tardía, con lo que los años de juventud, de transición y de inestabilidad son más largos y conllevan un modo de vida distinto al de quienes forman parte del mundo del trabajo propiamente dicho. La vida de la etapa profesional adquiere otros significados, los cuales también se traducen en otros hábitos que, por supuesto, pueden incluir los deportivos. Igualmente ocurre con los años posteriores a la jubilación, ya que no es el 'final' sino que, pese a los impactos psicológicos iniciales que se producen en muchas personas, se plantean como la época para realizar todo aquello que no se pudo hacer antes (escribir, viajar, leer, o hacer más actividad física y deportiva).

Así, el continuo incremento del porcentaje de personas que vive en grandes ciudades, que desarrolla trabajos de carácter sedentario debido a la mecanización de la industria y que, al mismo tiempo, dispone de más tiempo libre, ha favorecido, junto a otros factores, el crecimiento de la demanda establecida de actividad físico-deportiva en España, buscando a través de ella compensaciones no sólo de carácter físico, sino también de interacción social (García Ferrando, 1997; Martínez del Castillo, 1986; 1992; Puig y Heinemann, 1991).

3. *La decidida intervención de las Administraciones Públicas en la organización y promoción del deporte* (Cecilio, 1996; García Ferrando, 1997; 1998; Martínez del Castillo, 1986; 1992; 1998): durante la etapa predemocrática, los municipios españoles se caracterizaban por importantes carencias en sus ofertas de equipamientos y actividades deportivas. Sin embargo, desde el inicio de la transición política a la Democracia y especialmente a lo largo de las décadas de los ochenta y los noventa, las diferentes Administraciones del Estado, y entre ellas sobre todo las Corporaciones Locales, han ido incrementado notablemente sus inversiones en materia deportiva, como respuesta a la crecientes demandas de actividad físico-deportiva de las clases populares.

Tanto es así, que en la actualidad los Ayuntamientos pueden ser considerados como unos de los principales agentes promotores del deporte en España, desempeñando un papel preponderante en la construcción de instalaciones y en la oferta de servicios de actividad físico-deportiva (Rodríguez, 2001). Gracias a ello, se ha conseguido democratizar el acceso a una práctica deportiva que, tradicionalmente, había estado reservada a determinados colectivos y grupos sociales de elevado poder adquisitivo.

De tal forma, y como sentencia Puig (1998), se ha producido una ampliación de las competencias del Estado del Bienestar. Si en un principio la intervención de las Administraciones Públicas se centraba exclusivamente en aspectos sanitarios, educativos y de asistencia social de primera necesidad; hoy en día, sus funciones se extienden también a la promoción de la práctica deportiva entre la población, como medio para la mejora de la calidad de vida. Esta circunstancia ha contribuido de forma decisiva a la expansión y consolidación de los hábitos deportivos de los españoles.

4. *Evolución del asociacionismo deportivo* (Dorado, 2006): La cultura asociativa, al igual que el modelo deportivo, ya no es homogénea, sino que se está diversificando. Las organizaciones tradicionales, los clubes, tienen problemas, por lo que van surgiendo paralelamente otras nuevas formas organizativas del deporte. Cada vez menos el practicante deportivo es miembro de un club, cada vez más se autoorganiza.

5. *La búsqueda de mercados rentables por parte de las Empresas* (Martínez del Castillo, 1986; 1992; 1998): desde la perspectiva económica y empresarial, el ocio y la salud han sido señalados en repetidas ocasiones como sectores de futuro. Debido a ello, buen número de Empresas - que al igual que las Administraciones Locales generaban una escasa oferta deportiva en la etapa predemocrática - han ido dirigiendo paulatinamente sus inversiones hacia estos sectores (construcción de instalaciones, maquinaria deportiva, vestimenta y calzado deportivo, servicios de actividad físico-deportiva, etc.), con el objetivo de encontrar nuevos mercados rentables. Como resultado de ello, dichas Empresas han llegado a adquirir un importante peso en el parque de instalaciones deportivas y en la oferta de actividades, propiciando también el crecimiento de la demanda deportiva en España.

6. *El aumento del bienestar y del nivel de estudios de la población* (García Ferrando, 1997; Heinemann, 1994; Martínez del Castillo, 1998; Puig y Heinemann, 1991): respecto al aumento del bienestar, es evidente que existe y seguirá existiendo un sector de la población que sufre una importante carencia de recursos económicos y materiales. Sin embargo, también es cierto que desde

el inicio de la transición hasta la actualidad, se ha ido produciendo un lento pero progresivo incremento del poder adquisitivo de una buena parte de los españoles, lo que ha permitido dirigir cierta cantidad de los ingresos mensuales hacia actividades de ocio en el tiempo libre.

En cuanto al aumento de los niveles de educación, Puig y Heinemann (1991) revelan que, desde el punto de vista de la estructura de la población, es uno de los aspectos que más incidencia ha tenido en el crecimiento de la tasa de práctica deportiva en España. Los grupos poblacionales con niveles educativos más altos, son los que suelen percibir con mayor facilidad los aspectos positivos del deporte: salud, distinción social, liberación de tensiones, etc. De ahí que el incremento del nivel educativo de los españoles, haya podido favorecer una mayor participación deportiva.

7. *La emergencia de nuevos valores:* la búsqueda del equilibrio físico y del desarrollo personal (Martínez del Castillo, 1992); la tendencia al individualismo, inducida por los cambios estructurales que han tenido lugar en nuestra sociedad (Puig, 1998); la importancia concedida a la buena apariencia física (Rittner, 1994), por la frecuente asociación entre éxito corporal y éxito social; la búsqueda de distinción social mediante la práctica de determinadas actividades deportivas (Martínez del Castillo, 1998); así como también las crecientes necesidades de salud y relación social (Heinemann, 1994; Rittner, 1994), son factores que se traducen igualmente en un continuo aumento del interés por el deporte y su práctica.

La conversión del fenómeno deportivo ha llegado a tener una importancia tal que la Comisión Europea ha establecido el año 2004 como el *Año europeo de la educación a través del deporte*. Es un intento por transmitir los valores de la actividad física y el deporte a la sociedad frente a la mercantilización del deporte como producto de consumo.

Según Reding (2002), "el Consejo Europeo se ha referido al deporte dos veces en poco tiempo. Los Jefes de Estado y de Gobierno nos invitan a tener en cuenta la especificidad del deporte y su dimensión social en la gestión de políticas comunitarias".

En el Consejo Europeo de Niza de 2000, se pone de manifiesto una declaración relativa a las características del deporte, como también a la función social en Europa, que deben tenerse en cuenta al aplicar las políticas comunes. Por lo que es de suma importancia tener en cuenta esta evolución deportiva en Europa y en España, así como su función social, a la hora de gestionar de forma común las acciones en esta materia.

2.1.3 Los modelos deportivos contemporáneos

Por consiguiente, referirse al *deporte* en la actualidad, o de manera más global a las actividades físico-deportivas, significa describir a una gran diversidad de prácticas y ejercicios que son demandados por los usuarios en aras de su satisfacción. Dichas prácticas ya no pueden ser explicadas exclusivamente a través desde un modelo deportivo competitivo-tradicional. Es por esto que diversos autores (Olivera y Olivera, 1995; Puig y Blázquez, 1990; Serrano, 1992) han señalado que junto a este modelo tradicional, coexisten en la actualidad otros manifiestamente diferenciados.

Puig y Heinemann (1991) describen cuatro modelos configuradores del deporte contemporáneo, atendiendo a la organización, legitimación e impactos que producen las actividades deportivas y a las motivaciones de los practicantes:

a) *Modelo competitivo:* es el heredero del deporte tradicional. Mantiene una reglamentación estricta y universal, una uniformidad de las estructuras de valores y un marco organizativo basado en los clubes. La motivación principal es la consecución de una meta y se legitima por los logros alcanzados o que se pretenden alcanzar. Hoy en día está representado por el deporte federado.

b) *Modelo expresivo:* es la antítesis del modelo competitivo y responde a los cambios de valores acaecidos en las sociedades modernas. Engloba prácticas escasamente organizadas y sometidas a procesos constantes de diversificación. En muchos casos se plantea como elemento compensador de la excesiva planificación en la vida cotidiana. No se persiguen resultados, sino la satisfacción que proporciona la propia práctica.

c) *Modelo instrumental:* los motivos de quienes practican se encuentran mediatizados por una preocupación casi obsesiva por la salud o el envejecimiento. Se persigue el culto al cuerpo, con el fin de darle una forma lo más acorde posible con determinadas concepciones.

d) *Modelo del espectáculo:* se encuentra sometido por las leyes del mercado. Algunas de las razones que contribuyen a su fomento son: un mero afán lucrativo, impulsar el desarrollo de una ciudad o país, ensalzar las virtudes de un Estado, etc.; mientras que la salud, queda muy lejos del origen de su justificación. Dispone de una reglamentación estricta y de un cuerpo de profesionales que se encargan de su cumplimiento.

Otra clasificación del deporte en la sociedad postindustrial es el propuesto por Olivera y Olivera (1995), agrupando una amplia oferta deportiva y de prácticas corporales alternativas en seis modelos diferentes:

a) *Modelo ascético:* se refiere a la práctica deportiva desde un punto de vista genérico. Incluye el deporte-práctica o recreativo, el deporte federado y hasta el mismo deporte espectáculo.

b) *Modelo hedonista:* a través de la práctica se busca la realización personal y el placer, pero acompañados de riesgos, emociones y sensaciones nuevas. Englobaría todas las actividades físicas de aventura en la naturaleza, que proporcionan a sus practicantes la sensación de vivir momentos únicos y excepcionales, con riesgos controlados y peligros imaginarios fuera del ámbito urbano.

c) *Modelo narcisista:* en el que las principales motivaciones de los practicantes están relacionadas con la salud y el cuidado del cuerpo. Las prácticas se desarrollan en locales preparados específicamente, gimnasios y rutas urbanas o semiurbanas. Algunas de las actividades incluidas en este modelo son: gimnasias de la forma (aeróbic, gim-jazz, gimnasia de mantenimiento, etc.), prácticas de carrera (footing, jogging, etc.), musculación, actividades acuáticas (aquaaeróbic. fitness acuático, etc.)...

d) *Modelo etnomotriz:* en este grupo de prácticas se encuentran los juegos y deportes tradicionales, realizados principalmente en el ámbito rural. Su resurgimiento en nuestro país a partir de la década de los '70, ha sido propiciado por movimientos culturales autóctonos, por el auge de los poderes locales, regionales y autonómicos y por el auge de los nacionalismos.

e) *Modelo místico:* mediante las prácticas que conforman este modelo se promueve la búsqueda de la naturaleza profunda del ser humano y "su verdad", mediante un cuerpo "vivido y sentido" por el propio individuo. Ejemplos de éste son: relajación, yoga, tai-chi, etc.

f) *Modelo escénico:* las prácticas o actividades incluidas en él se denominan "grandes juegos vivenciados". La ornamentación, la ambientación del espacio, la vestimenta y la transformación psicológica del practicante, son fundamentales para el éxito de la actividad. Consisten en confrontaciones bélicas simuladas, ya sean actuales o de marcado cariz histórico.

Aún se podrían seguir citando novedosas clasificaciones que tratan de congregar el enorme abanico de prácticas físico-deportivas existentes en la sociedad contemporánea. Sin embargo, con las propuestas anteriores, se ha puesto de manifiesto la creciente variedad y diversificación que tiene la práctica físico-deportiva.

Según Celma (2000), la evolución del deporte tradicional no es un producto lineal o casual, sino que es la transformación de la sociedad en el marco de la globalización, caracterizada principalmente por una enorme dinámica e interacción, siendo las nuevas necesidades vitales y los usuarios que las demandan.

Los nuevos grupos y sectores poblacionales que se generan con esta transformación del deporte van a demandar toda una amplia gama de prácticas que se puedan adaptar a sus diferentes necesidades, lo que está obligando a una adaptación de la oferta deportiva por los agentes sociales implicados (Durán, 1995; Latiesa *et al.*, 2002). El complejo fenómeno deportivo social ha derivado hacia la adaptación continua de la oferta de servicios y de instalaciones deportivas, en función de las demandas y motivaciones de la población (Figura 2.1.).

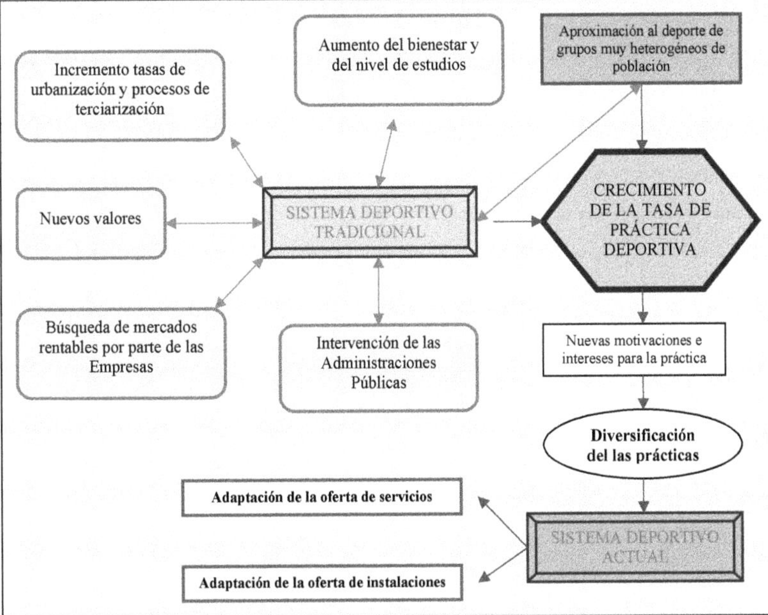

Figura 2.1. Transformaciones del sistema deportivo (Adaptación de Rodríguez, 2001)

Por tanto, se considera lógica la evidencia de plantear ajustes o reorientar las políticas deportivas para adecuarse y adaptarse de manera correcta a cada planteamiento o modelo deportivo. El sector del deporte, por su presencia cotidiana en el entorno social y la repercusión que transmiten los medios de comunicación, se ha convertido en un referente y tiene un papel determinante en las políticas públicas de una sociedad moderna. Es a través del deporte donde los poderes públicos han encontrado un instrumento muy potente para trasmitir valores personales y sociales a los ciudadanos, ya que se admite que su incorporación a los hábitos de conducta aporta grandes beneficios y mejoras de la calidad de vida de las personas (Dorado, 2006).

2.2 La estructura y organización del sistema deportivo español

El deporte ha tenido un proceso de lleno de cambios muy importantes, desde hace 30 años hasta nuestros días. Estos cambios han estado basados en su mayoría en la formalización, jerarquización, masificación y eficiencia de la gestión deportiva. Es uno de los principales elementos en la ocupación del tiempo libre y de ocio de la sociedad; lo que lo convierte en un instrumento de extremado interés e influencia. La Constitución Española de 1978 recoge esta inquietud y encarga a los poderes públicos la promoción de la práctica deportiva considerándola como un elemento de interés general.

Desde la transición democrática el deporte es canalizado por medio de los Ayuntamientos y de las Comunidades Autónomas, adaptándose de forma continua a las exigencias y necesidades de los practicantes. Desde estos organismos se ha realizado un gran esfuerzo inversor que se ha visto reflejado en una mayor dotación de infraestructuras y equipamientos deportivos y en una mayor oferta de actividades. Esto conlleva que se tengan que ir adecuando las estructuras organizativas a la rápida evolución del sector para lograr así ser más eficaces y poder atender con garantías suficientes las demandas de una sociedad moderna. Es por este motivo por lo que cada día se tiende más a la profesionalización en el deporte, incluso dentro de un contexto público, ya que es la complejidad social y cultural la que obliga a todos los agentes que participan de él a innovar y diferenciar sus estructuras y servicios continuamente.

2.2.1 La concepción del sistema deportivo

Rossi (1979), basándose en la Teoría General de los Sistemas que plantea Bertalanffy de 1968, afirma que el deporte puede concebirse como un sistema. Para Rossi, el *Sistema Deportivo* es el conjunto de todos los practicantes y de todos los servicios deportivos en un territorio determinado. En consecuencia, el *fenómeno deportivo* puede ser considerado también como el "producto" del sistema deportivo. Esto permite su conocimiento y desarrollo de un modo científico, actuando sobre todos sus elementos, a través de sus relaciones internas y externas, mediante las relaciones con otros sistemas que forman la estructura social.

Blanco *et al.* (1999) definen por sistema deportivo "*el conjunto de todos aquellos elementos relacionados entre sí, según un orden, y que contribuyen al desarrollo del deporte en todas sus manifestaciones*" (p. 25).

Rodríguez y Barriopedro (2003), definen por sistema deportivo al conjunto de instituciones, organizaciones, recursos y formas de ejercicio de la actividad deportiva que identifican una sociedad territorialmente delimitada. Este sistema tiene a su vez dos subsistemas esenciales: (1) el modelo deportivo competitivo; y (2) la actividad deportiva de carácter espontánea y no organizada.

Siguiendo a estos autores, y dentro de un sistema deportivo global, se pueden dar diferentes manifestaciones en la práctica de la actividad física y el deporte:

- Práctica de la actividad física y/o deportiva individual no competitiva.
- Práctica de la actividad física y/o deportiva en grupo no competitiva.
- Práctica de la actividad física y/o deportiva competitiva al margen de la organización deportiva.
- Práctica de la actividad física y/o deportiva en la competición oficial de carácter no profesional.
- Práctica de la actividad física y/o deportiva en el ámbito de la competición profesionalizada.

De modo que para entender el fenómeno deportivo en su dimensión social y de forma estructurada es necesario analizar los elementos que intervienen en el mismo y sus relaciones, obteniendo así una visión global de su realidad dentro de un sistema. La organización del sistema deportivo español está constituida por diferentes elementos, según el grado de evolución del deporte en cada Comunidad Autónoma. Según la naturaleza, pública o privada, y según el ámbito territorial desde el que se realice, podemos encontrar variaciones de unas interpretaciones a otras, ya que las interrelaciones de los elementos que componen el sistema deportivo están sometidos a permanentes cambios que lo condicionan (Dorado, 2006).

Siguiendo a Blanco (2003), la propia evolución del sistema deportivo, aún existiendo una base común, hace que no se deba hablar de gestión deportiva a secas, ya que actualmente es posible diferenciar claramente una gestión pública y una gestión privada, y respecto a ésta última, también se debe diferenciar la gestión del sector asociativo (sin ánimo de lucro) y la gestión del sector empresarial (con ánimo de lucro). La comprensión del alcance y extensión del concepto "gestión deportiva" en la sociedad actual nos obliga a identificar y delimitar los distintos ámbitos deportivos en los que se refleja, ya que no representa un término unívoco.

En un estudio de Dorado (2006), se presenta una clasificación de los elementos constitutivos en el que se organiza el sistema deportivo:

- *Las instalaciones deportivas*, referidas a estructuras constituidas por uno o varios espacios deportivos convencionales y/o no convencionales, así como los espacios auxiliares (vestuarios, espacios para los espectadores, etc.).
- *Los recursos humanos*, en referencia al personal activo que trabaja en una organización deportiva.
- *La oferta deportiva*, referida a las actividades físicas y del deporte en todas sus posibilidades y como es percibido por los usuarios.
- *La organización*, referida a cada uno se los elementos que tratan de garantizar el logro de objetivos y, por tanto, de la eficacia del resultado final de la actuación pública y privada. Todo ello en cuanto a los modelos de gestión, a la magnitud y distribución del presupuesto, a la filosofía empresarial o a los objetivos de actuación.

Asimismo Cunha (1997) establece que los factores de desarrollo de un sistema deportivo dependen de los siguientes aspectos: las actividades, las instalaciones y el equipamiento, la financiación, la promoción y marketing, la formación, los recursos humanos, la organización, la legislación y el modelo de gestión.

Según Segarra (2007), los factores que determinan la estructura organizativa, se basan en las relaciones que se establecen entre las distintas organizaciones deportivas. El sistema deportivo actual está basado principalmente en la colaboración que desarrollan los sectores público y privado para fomentar y desarrollar la práctica deportiva. Esto queda de manifiesto en uno de los principios generales de la Ley del Deporte Estatal cuando se postula que: "*El ejercicio de las respectivas funciones del sector público estatal y el sector privado en el deporte se ajustará a los principios de colaboración responsable entre todos los interesados*".

2.2.2 La organización administrativa-deportiva en España

El deporte organizado en España se hace fundamentalmente desde el sector público. Se ha convertido en un instrumento de inserción social en todos los sectores de la población ya que es un excelente vínculo de transmisión de valores y de conductas debido a la trascendencia y repercusión que tiene en nuestra sociedad.

Además de intentar garantizar que todas las personas que lo deseen tengan acceso a la práctica deportiva de la mayor calidad posible, sin limitaciones de sexo, edad, nivel socioeconómico o condición física, debe mantener una buena sintonía con el sector privado para complementar las ofertas que desde este sector se orientan a la población (Dorado, 2006). Este planteamiento para estructurar de forma racional las acciones de los distintos agentes hace que el modelo deportivo que asume el sector público adquiera una situación estratégica en cuanto a las funciones de fomento y de seguridad que con carácter general desarrolla.

En España existen tres niveles de Administración Pública, en función de los que se establece la organización deportiva. Por un lado la Administración central, denominada Administración General del Estado; por otro las Administraciones regionales, de las denominadas Comunidades Autónomas; y por último las Administraciones de los entes locales (Ayuntamientos, Diputaciones provinciales y Cabildos). De acuerdo con ésta distribución y según el ordenamiento legal en el que se les atribuyen sus competencias, en cada uno de estos niveles de administración se debe gestionar y prestar a los ciudadanos los servicios deportivos que les corresponden.

Tal como plantea Fageda (2000), a lo largo de estos últimos años se ha definido un primer marco competencial de las distintas Administraciones: central, autonómica y local. Podemos afirmar que el desarrollo legislativo en materia deportiva está prácticamente acabado en cuanto a la distribución de funciones y competencias dentro de un Estado profundamente descentralizado en una primera fase. No obstante, es preciso seguir avanzando en lo que se ha venido a llamar el Pacto Local, dando paso a la verdadera descentralización y asignando recursos a los municipios para abordar con garantía las demandas ciudadanas al respecto.

El sistema deportivo español acepta de forma incondicional la participación de las Administraciones públicas en la configuración del mismo. La presencia pública local se sitúa en el establecimiento de un servicio público deportivo configurado sobre la base del deporte y la actividad física para todos y, consecuentemente, de las instalaciones en las que poder desarrollar aquella actividad (Palomar, 2003). Siguiendo a Albi *et al.* (2002), el Sector Público en España, al igual que en la mayor parte de los países miembros de la Unión Europea, más que impulsor y gestor de numerosos y complejos Servicios Sociales, y de otro tipo, puestos en marcha con el desarrollo del Estado del Bienestar, trata de adoptar un nuevo papel como responsable de tres funciones básicas: Promotor de iniciativas allí donde no existan, Agente Equilibrador de desigualdades y Dinamizador de actividades ya existentes.

Por otro lado Blanco (2003), hace una clasificación de los elementos que constituyen el sistema deportivo español. En esta clasificación distingue cinco elementos básicos:

a) Ordenamiento.
b) Estructura.
c) Infraestructuras Deportivas.
d) Recursos Económicos.
e) Recursos Humanos.

2.2.2.1 El ordenamiento jurídico-deportivo en España

Tal y como afirma Landaberea *et al.* (1995), por ordenamiento jurídico se puede designar:

> "*al conjunto de normas y principios que rigen una determinada comunidad de personas. Por lo tanto, al hacer referencia al ordenamiento jurídico del deporte municipal estamos aludiendo al marco legislativo que regula el mundo del deporte en el ámbito local*" (p. 37).

El deporte moderno nació y se desarrolló en sus comienzos, como una realidad autorregulada al margen del intervencionismo de los poderes públicos (Gallardo, 2007). No obstante, en la sociedad actual está sujeto a un régimen jurídico que lo regula mediante una extensa y diversa normativa comunitaria, estatal, autonómica y local, además de las normas propias de carácter federativo adoptadas por las organizaciones deportivas internacionales, estatales y autonómicas.

En España son numerosas las normativas existentes en la actualidad acerca del deporte y sus componentes (deportistas, competiciones, asociaciones deportivas, instalaciones, equipamientos, financiación, etc.), que intervienen de forma directa o indirecta. La primera inclusión del deporte jurídicamente se realiza en el artículo 43.3 de la Constitución Española de 1978, en el que se recoge que *los poderes públicos fomentarán la educación física y el deporte*, lo que supuso la prescrita Ley 13/1980, de 31 de marzo, General de la Cultura Física y el Deporte, y la posterior y vigente Ley 10/1990, de 15 de octubre, del Deporte, con el objeto de conseguir una ordenación estatal del deporte. Asimismo, el artículo 148.1.19 del propio texto constitucional prevé que las Comunidades Autónomas puedan asumir competencias en materia deportiva, de conformidad con lo establecido en sus respectivos Estatutos, por lo que actualmente son 17 (una por cada Comunidad Autónoma) las Leyes Autonómicas del Deporte, que regulan la práctica deportiva de ámbito regional, cohabitando junto con la Ley Estatal del Deporte (Blanco, 2006). La organización administrativa determina una diferenciación funcional entre la competencia de carácter general que corresponde a los órganos centralizados (Consejerías) y la que corresponde a los órganos de gestión (servicios deportivos). En este sentido todas las Comunidades Autónomas optan por gestionar mediante centros directivos dependientes o mediante fórmulas de descentralización funcional (Palomar, 2006).

En este sentido Delgado (1997), atribuye las funciones y competencias en el sector deportivo a las Corporaciones locales e indica que se determina desde dos vías, que pueden estar definidas a nivel estatal o de Comunidades Autónomas. En los dos casos, indica este autor, la legislación puede ser del Estado o de las Comunidades Autónomas. Todo ello nos conduce a separar las competencias de las Comunidades Autónomas de las del Estado de la correspondiente a las entidades locales, en la gestión de los intereses que en cada materia les resulten propios.

Las Comunidades Autónomas tienen la capacidad de definir en última instancia el campo concreto de competencias y las obligaciones mínimas que deben asumir las distintas Administraciones locales (Dorado, 2006). Por ello, el marco de actuación de las diferentes corporaciones locales, en especial de los municipios, varía en muchos aspectos según las Comunidades Autónomas de que se trate. Al tratarse de competencias, Carretero (1992) entiende que "*resulta una cuestión espinosa la delimitación de las competencias de las provincias y los municipios. La Ley Reguladora de las Bases de Régimen Local dispone que son competencias propias de la diputación las que les atribuyan en este concepto las leyes del Estado o de las Comunidades Autónomas en los diferentes sectores de la Administración pública, y que los Ayuntamientos ejercerán competencias en los términos de legislación del Estado o de las Comunidades Autónomas en materia de actividades o instalaciones deportivas*" (p. 153) (Tabla 2.I).

Tabla 2.I. Competencias compartidas por las Administraciones públicas en materia deportiva (Adaptación de Delgado, 1997)

COMPETENCIAS COMPARTIDAS CON OTRAS ADMINISTRACIONES PÚBLICAS PARA EL DEPORTE	
Comunidades Autónomas Diputaciones Cabildos	**Artículos 36.1, 36.2, 42, 43 y 44 de la Ley 7/1985 Reguladora de las Bases del Régimen Local.** *"Coordinación de servicios municipales entre sí y con el Estado".* *"Participación en planes provinciales de obras y servicios".* *"Comercialización o creación de Entidades para gestión de intereses comunes y mancomunidades".*
Ministerio de Educación, Política Social y Deportes C.S.D. Comunidades Autónomas	Plan de Extensión de la Educación Física. ***"Financiación de instalaciones".*** ***"Gestión de uso de las instalaciones".***
Comunidades Autónomas (Consejería de Salud)	*"Normativas para piscinas públicas"*

Otras normativas importantes en el contexto del deporte español son, por ejemplo, el Real Decreto (RD.) 1835/1991 sobre las Federaciones Deportivas Españolas, que regula el marco jurídico en que deben desenvolverse estas asociaciones nacionales. El RD. 1251/1999 sobre Sociedades Anónimas Deportivas, para los clubes y equipos profesionales que deban ostentar esta condición en los términos establecidos en la Ley del Deporte. El RD. 1467/1997 sobre el Deporte de Alto Nivel. El R.D. 1006/1985 que regula la relación laboral especial de los deportistas profesionales. El RD. 1913/1997 y la Orden ECD/454/2002 sobre la regulación de las Titulaciones

Deportivas y la ambiciosa Ley Orgánica 7/2006, de 21 de noviembre, de protección de la salud y de lucha contra el dopaje en el deporte, con el fin de la erradicación del dopaje y las prácticas fraudulentas en el deporte.

La Ley del Deporte Estatal crea también distintos órganos adscritos al Consejo Superior de Deportes con la finalidad de asegurar el cumplimiento de los fines específicos establecidos en dicha ley. Esos órganos tienen reconocida la independencia funcional, y son básicamente los siguientes:

a) La *Junta de Garantías Electorales*, que tiene por objeto velar por la transparencia en los procesos electorales de las Federaciones Deportivas Españolas.

b) La *Comisión Nacional Anti-Dopaje*, que tiene como principales funciones: la prevención del dopaje, la determinación de la lista de competiciones oficiales en las que es obligatorio el control anti-dopaje, la elaboración de los protocolos y reglas para la realización de controles anti-dopaje, la preparación del reglamento sancionador.

c) El *Comité de Disciplina Deportiva*, encargado de resolver en última instancia administrativa en expedientes sobre disciplina deportiva.

d) La *Comisión Nacional contra la Violencia en los Espectáculos Deportivos*, encargada de proponer medidas dirigidas a la prevención de la violencia y a lograr garantizar la seguridad en los espectáculos deportivos.

e) La *Comisión Nacional para la Protección de la Salud del Deportista*, que tiene por objeto promover un marco seguro parar la seguridad deportiva y crear un modelo adecuado para la protección de la salud de los deportistas.

Igualmente, se ha destacar el anteproyecto de ley, que redacta la Ordenación y Regulación Profesional del ámbito de la Actividad Física y del Deporte, y que trata sobre cuáles son las profesiones que pueden actuar en este ámbito, sus competencias, qué titulaciones capacitan para su ejercicio y los actos facultativos encargados de su realización, con el fin de evitar el intrusismo profesional procurando, de este modo, la ordenación del espacio profesional relacionado con la actividad física y deportiva.

A nivel internacional es en la *Carta Internacional de la Educación Física y el Deporte* de la UNESCO y en la *Carta Europea del Deporte*, aprobada por los Ministros europeos responsables en su séptima conferencia de 14 y 15 de mayo de 1992, donde se proclama el deber de los poderes públicos de proteger y fomentar el derecho de los ciudadanos a su práctica.

2.2.2.2 La estructura deportiva en España

El sistema deportivo español actual, instaurado a partir de la Ley 10/1990, de 15 de octubre, del Deporte, está concebido en la relación y colaboración de los sectores públicos y privados de las distintas organizaciones y asociaciones deportivas, con la finalidad de fomentar, facilitar y desarrollar la práctica deportiva entre los ciudadanos.

Al hacer referencia a la organización y a la estructura del modelo deportivo existente en España nos estamos refiriendo al conjunto de todos los elementos relacionados entre sí (instituciones, organizaciones y formas de ejercicio de la actividad física y/o deportiva), según un orden, y que contribuyen al desarrollo del deporte en todas sus manifestaciones.

Según Gambau (2002) los agentes de la oferta de servicios deportivos pueden diferenciarse en función de tres sectores: el sector público, el sector privado lucrativo y el sector privado no lucrativo. Las combinaciones de estos sectores, dan lugar a cinco escenarios posibles en lo referente a la práctica físico-deportiva: la práctica deportiva no organizada, la práctica en centros escolares, el deporte municipal, el deporte federado y el deporte-ocio.

En cambio Carretero (1992) expone que en la organización deportiva cabe distinguir una organización pública, o administrativa en sentido estricto y una organización privada del deporte. La primera comprende las estructuras administrativas del Estado, Comunidades Autónomas y Entidades locales (Tabla 2.II). La segunda, la estructura de las federaciones deportivas, pese a la asunción de funciones públicas, ligas profesionales, clubes, etc. Al sistema deportivo también hay que añadir la presencia de las Universidades, tanto públicas como privadas.

Tabla 2.II. Organización administrativa del deporte en el sector público (Adaptación de Carretero, 1992)

Ámbito de Actuación	Administración del Estado	Administración de las CC.AA.	Diputaciones	Ayuntamientos
Estado	Ministerio de Educación, Política Social y Deportes. *Consejo Superior de Deportes*			
Comunidades Autónomas		Consejerías, Viceconsejerías y *Direcciones Generales*		
Provincias		Delegaciones Provinciales *Secciones*	Servicios de Deportes	
Municipios				Patronatos e Institutos Deportivos Municipales Delegaciones de Deportes

El Consejo Superior de Deportes es el máximo órgano responsable de la organización pública estatal del deporte, y su regulación se contiene en el Título II de la Ley del Deporte. Su presidente tiene rango de Secretario de Estado. Es un organismo autónomo, dependiente del actual Ministerio de Educación, Política Social y Deportes, (del que se fraccionó el ya extinguido Ministerio de Educación y Ciencia, después de las elecciones generales de marzo de 2008, antes también llamado Ministerio de Educación y Cultura), que se rige por las normas de Derecho Administrativo y ejerce directamente las competencias de la Administración General del Estado en el ámbito del deporte.

Las diferentes Direcciones Generales de Deportes de las Comunidades Autónomas, son probablemente organismos junto con los Ayuntamientos, los más representativos en la construcción y el mantenimiento de las instalaciones deportivas del país. Por último, el deporte de ámbito local está coordinado por los Ayuntamientos, Mancomunidades y Diputaciones, ya sea de forma directa con Delegaciones o Concejalías de Deportes, o indirecta con la creación de organismos autónomos, como son los Patronatos, Institutos Municipales de Deporte y Fundaciones. El desarrollo del deporte en España no puede entenderse sin la participación y el protagonismo de los Ayuntamientos (García Ferrando, 2000). Son estas organizaciones las que presentan las ofertas deportivas, adaptadas a las tendencias y demandas de práctica, y desarrollando y diversificando, de este modo, los nuevos espacios deportivos más cercanos al ciudadano.

Estableciendo una comparación de la estructura formal del deporte en España, y siguiendo el referente de las Administraciones Públicas de forma vertical, la figura 2.2 muestra de forma esquemática las relaciones del sector público y los ámbitos competenciales genéricos. Debido a que todas las Comunidades Autónomas tienen transferidas las competencias en materia deportiva, el Estado sólo se reserva aquellas competencias relacionadas con el ámbito supraterritorial o de colaboración y coordinación de políticas autonómicas, fundamentalmente las relacionadas con la tecnificación deportiva y el rendimiento.

ESTADO **Consejo Superior de Deportes** (Ley 10/1990 del deporte)	- Relación con federaciones deportivas españolas. - Centros de alto rendimiento. - Selecciones españolas (representación en competiciones oficiales internacionales). - Relación con ligas profesionales. - Aprobación de planes de estudios para formación de técnicos deportivos con validación estatal. - Colaboración en el fomento del deporte en la universidad. - Colaboración en la construcción de instalaciones deportivas de competición de alto nivel.
COMUNIDADES AUTÓNOMAS **Secretarías y direcciones generales de deportes** (Leyes autonómicas del deporte)	- Relación de federaciones deportivas autonómicas. - Apoyo a programas de tecnificación deportiva y alto rendimiento. - Formación e investigación. - Ordenamiento jurídico de entidades y asociaciones deportivas. - Planificación de los equipamientos deportivos en colaboración con la Administración local. - Fomento y organización del deporte en edad escolar. - Normativización y ordenamiento del deporte en el medio natural. - Colaboración con las administraciones locales para fomentar, implantar, divulgar y planificar la actividad física y el deporte para toda la población.
ADMINISTRACIÓN LOCAL **Áreas, concejalías y servicios**	- Promover, desarrollar y fomentar la práctica de actividad física y deportiva. - Construir, ampliar, modificar y planificar la red de instalaciones deportivas en su territorio y llevar su censo. - Velar por la plena utilización de las instalaciones deportivas municipales. - Velar por la reserva urbanística de suelo para equipamientos deportivos.

Figura 2.2. Las competencias públicas en materia deportiva en España

Las competencias relacionadas con las actividades de práctica recaen más en la Administración local, mientras que las vinculadas a la afición corresponden a la Administración estatal y a las autonómicas, aunque éstas son coadyuvantes de la acción de fomento, propia de los municipios (Celma, 2002).

En lo que se refiere a las competencias del deporte por parte de los municipios, Cortés (2001), entiende que la Administración deportiva del Estado debe asumir la labor de asesoramiento y liderazgo que le otorgan sus propias competencias atribuidas por la Ley del Deporte, sincronizando y creando dinámicas con las Comunidades Autónomas, a sabiendas de que el municipio es el primer eslabón, el primer interlocutor del ciudadano, el primer consejero y administrador de los intereses y las demandas de las personas que quieren practicar deporte, pero no es el único en este sector.

Según establece el artículo 12 de la mencionada Ley del Deporte, "*las Asociaciones deportivas se clasifican en Clubes, Agrupaciones de Clubes de ámbito estatal, Entes de Promoción deportiva de ámbito estatal, Ligas profesionales y Federaciones deportivas españolas*". Por ello, y con base en lo establecido en el preámbulo de dicha Ley, se ha acuñado la expresión asociacionismo deportivo de primer nivel o primer grado para aludir a la primera estructura asociativa en torno a la cual se organiza el deporte: los clubes deportivos (elementales y básicos), los clubes deportivos de entidades con personalidad jurídica y las sociedades anónimas deportivas (SAD) (Marín-Barnuevo, 2006).

Los clubes deportivos, según establece el artículo 13 de la Ley del Deporte, son "*asociaciones privadas, integradas por personas físicas o jurídicas que tengan por objeto la promoción de una o varias modalidades deportivas, la práctica de las mismas por sus asociados, así como la participación en actividades y competiciones deportivas*". Son las entidades más significativas en el tejido asociativo privado. Para poder ostentar los derechos que le corresponden, deben inscribirse en el registro de asociaciones deportivas y, si además quieren participar en competiciones oficiales, deben inscribirse también en la federación deportiva correspondiente. Estas organizaciones ofrecen a todas las personas la posibilidad de practicar deporte a escala local, regional o nacional, aunque no siempre orientan su filosofía hacia la idea del deporte para todos.

Los entes de promoción deportiva (EPD) son asociaciones de clubes o entidades que tienen por objeto la promoción y organización de actividades físicas y deportivas, con finalidades lúdicas, formativas y sociales.

Las "ligas profesionales" son las agrupaciones de todos clubes que participan en competiciones oficiales de carácter profesional. Deben constituirse en el seno de cada federación deportiva española obligatoriamente, por mandato legal.

Las federaciones deportivas son entidades privadas con personalidad jurídica propia, y desempeñan una función esencial en la vertebración del asociacionismo deportivo y en la organización del deporte nacional y autonómico, ya que realizan algunas funciones públicas por delegación de la Administración. Suele existir una federación para cada disciplina o modalidad deportiva. Esto les otorga una situación privilegiada, en algunos casos de monopolio en la organización de dicho deporte. Se encargan de organizar campeonatos y de coordinar las actividades deportivas a nivel regional. Por lo general, suelen agrupar a muchos de los clubes de esa modalidad y normalmente las más desarrolladas tienen delegaciones en cada provincia. En efecto, la principal singularidad de las federaciones deportivas es que tienen una organización y régimen jurídico propio de las asociaciones privadas, pero, con la tutela y organización del Consejo Superior de Deportes y de las Administraciones regionales de deportes, desempeñan algunas funciones de naturaleza pública. Las federaciones constituyen un elemento básico de colaboración entre los sectores público y privado de la organización deportiva.

La sociedad anónima deportiva (SAD) es la forma jurídica de asociación exigida a los clubes deportivos para participar en competiciones deportivas oficiales de carácter profesional y ámbito estatal (hasta el momento, fútbol y baloncesto, como decíamos al principio), si bien los clubes que en el momento de la aprobación de la Ley del Deporte tenían un saldo patrimonial positivo quedaron liberados de la exigencia de transformarse en SAD para participar en dichas competiciones.

El sector público del deporte debe mantener un equilibrio con el sector privado, ya que el asociacionismo, sobre todo mediante clubes, ha sentado las bases que hoy presenta el deporte moderno. De esta forma surge un modelo de carácter privado donde el deporte se practica normalmente en un club afiliado a una federación deportiva autonómica, la cual forma parte de una federación deportiva nacional. La oferta del sector público se compagina y complementa con la del sector privado teniendo en cuenta sus relaciones con clubes, federaciones, empresas de servicios, gimnasios u otros entes de promoción deportiva.

2.3 La gestión deportiva en España

La gestión del deporte debe orientarse hacia la eficiencia y la eficacia, respetando los criterios de economía y, sobre todo, encaminando la política deportiva con la certeza de que se trabaja para dar servicio a las personas.

En este sentido, Heinemann (1991) afirma que "*la evolución de las prácticas deportivas de gestión ha estado determinada por la transformación del propio sistema deportivo, donde se ha pasado de uno cerrado, homogéneo, selectivo, jerárquico y excluyente a otro abierto, heterogéneo, integrador y democrático*" (p.17).

Por tanto, para llegar a comprender las necesidades actuales de la gestión se ha de tener presente el avance que ha tenido nuestro país en los últimos años tanto del ámbito público como privado. Prácticamente la misión de las Administraciones publicas ha partido desde la promoción deportiva para que la ciudadanía creará el hábito deportivo (París, 1997) a tener actualmente que, atender la excesiva demanda de gestión que estos servicios deportivos requieren. El objetivo para los gestores deportivos en este momento es resolver la ecuación de que incrementando la oferta de actividades, se optimicen recursos y mantengan gastos (García Tascón, 2007).

2.3.1 La gestión deportiva de las corporaciones locales

La necesidad de analizar la evolución sufrida por los municipios en el desarrollo del deporte se basa en el papel que tienen las corporaciones locales en su impulso. Debido a la capacidad de llegar a todos los puntos del territorio nacional constituyen las células básicas de este proceso y su cercanía a los ámbitos donde se originan estas necesidades les permite tener una visión más clara y certera de la realidad. Dorado (2006) opina que en el contexto municipal puede que sea el sitio idóneo donde se aprecien de una forma más inmediata los cambios y las formas de llevar a cabo la práctica de la actividad física, por lo que es muy importante conocer esta evolución.

Al mismo tiempo, García Ferrando (2000) considera que el tema que ha atraído mayor atención en las dos últimas décadas ha sido, y continúa siéndolo, el papel y la contribución del municipio al fomento y desarrollo del deporte en España. Concluye esto el autor dado que es evidente el protagonismo que tomaron los ayuntamientos democráticos desde los comienzos de la transición del franquismo a la democracia, en promover el *deporte para todos*; fórmula emblemática para canalizar los deseos y esfuerzos de la sociedad española por alcanzar los niveles de práctica deportiva popular que disfrutaban los países europeos de referencia ya en la década de los '70.

En el ámbito provincial existen las Diputaciones Provinciales y sus secciones de deportes correspondientes. En el ámbito municipal los ayuntamientos disponen de un órgano autónomo encargado de asumir la gestión del área deportiva. Normalmente la fórmula más utilizada es un Patronato Deportivo Municipal, o bien un Instituto Municipal de Deportes o Fundación, todos ellos organismos autónomos. También son frecuentes en los municipios con menor población las Delegaciones de Deportes.

Existen algunos estudios que han analizado la gestión y las políticas llevadas a cabo por los servicios deportivos municipales. Aunque se han utilizado distintos enfoques para analizar la gestión de los municipios, todos ellos han aportado algo más en el objetivo de seguir avanzando en el desarrollo de la gestión del deporte en áreas locales. Algunos estudios han realizado este análisis a través de las políticas deportivas municipales y su evaluación (Burriel, 1991; Cabrera, 1997; Redondo, 1997), otros analizando sus funciones y manifestaciones en la gestión (Martínez del Castillo, 1994; Ramírez de Arellano, 2003), estudiando sus programas o indicadores de la gestión desarrollada (Gallardo, 2001).

Delgado (1997), declara que los municipios son las entidades que con mayor dinamismo realizan un función de promoción y desarrollo material de la práctica deportiva y constituyen los máximos gestores del deporte en el sector público.

De modo que encontramos las primeras políticas deportivas rigurosas en algunos municipios a finales de los 70 y a principios de los 80; pero estas prácticas tenían aspectos más voluntarios y poco rigurosos, que la creación de un proyecto deportivo general y estable (Gallardo y Jiménez, 2004).

Previamente, en 1967 la Campaña "*Contamos contigo*" obtuvo un gran éxito inesperado y fue cuando comenzó a asumirse que los poderes públicos debían dotar de instalaciones a los municipios (Gómez, 2003). Evolucionaron aquellos municipios grandes que se orientaron al deporte de competición o espectáculo y los más pequeños, siguieron subsistiendo con estas deficiencias.

Con el cambio político y el nuevo marco legal democrático (como la *Ley General para la Cultura Física y el Deporte de 1980*) se originó el impulso necesario a los nuevos Ayuntamientos a fomentar el deporte desde todos los poderes públicos. Gómez (2003) expone que se convierte en la época en la que se generan grandes expectativas e intereses hacia la mejora y calidad de vida de los ciudadanos vertebrados sobre las "necesidades sociales".

Según Dorado (2006) esta necesidad de cubrir las demandas sociales que se generaban en la época hizo que las Administraciones públicas tuviesen que intervenir y destinar gran parte de sus presupuestos a la construcción y gestión de instalaciones deportivas.

La actual Ley del Deporte de 1990, supuso la definitiva apuesta por la que se otorga a los ayuntamientos (al municipio) un lugar preferente en cuanto a la misión de asumir el papel estelar en toda la política deportiva. Atendiendo a París (1997), se puede decir que las administraciones locales, sin duda han sido los motores del desarrollo del deporte en nuestro país. Las características más significativas y comunes que acontecen durante los primeros años del deporte democrático municipal fueron sobre todo el incremento rápido y desmesurado de la infraestructura deportiva. Los Ayuntamientos multiplicaron sus presupuestos deportivos, sin embargo, no calcularon el gasto corriente que todo ello generaba y no se tuvo en cuenta el mantenimiento posterior (París, 1997). Según Cecilio (2000) esta dotación de infraestructuras y servicios era necesaria para acortar distancias con los países europeos de nuestro entorno.

Muestra de ello son algunos de los datos que registra el III Censo de Instalaciones Deportivas en España de 2005 (Gallardo, 2007). De las 79.059 instalaciones censadas, el 52,7%, son de titularidad municipal, de las cuales el 41,8% son gestionadas directamente por los ayuntamientos. En el censo de 1997 (Martínez del

Castillo, 1998), representaban el 51,6% de la titularidad, y su gestión municipal era del 31,9%.

Las propuestas sobre las necesidades, características o ubicación de las diferentes inversiones, se basaban o bien en impulsos personales o en reivindicaciones de carácter sectorial, provocadas por las múltiples carencias, que los primeros responsables políticos, con gran voluntad pero con clara deficiencias en criterios de política deportiva municipal, atendieron con urgencia (Celma, 2000).

Uno de los aspectos pioneros que se crean es el CIT, para controlar la red de equipamientos deportivos locales, infraestructuras y gestión deportiva. Este es un modelo propio que desarrolla la Diputación de Barcelona llamado "*modelo de instrumentos técnicos*" (Batlle, 2000). A este modelo también le acompaña un plan de formación a concejales, técnicos y gestores, lo que le confiere un marcado carácter multidisciplinar.

Autores como Teruelo (2000) y Correal (2003) aseveran que es durante los primeros años de funcionamiento de los servicios deportivos municipales cuando los responsables, tanto políticos como técnicos, centran su prioridad en construir instalaciones deportivas, en diseñar diferentes programas y en atraer al ciudadano para que utilice y participe en las diferentes ofertas deportivas que se le ofrecen. El objetivo es la búsqueda de la participación sin importar ni el concepto de rentabilidad económica ni el concepto de calidad del servicio.

Martínez del Castillo (1996) destaca que existe una asociación muy estrecha entre la evolución de los servicios deportivos municipales con la dotación de equipamientos e instalaciones deportivas en España. Este autor distingue tres etapas en esta evolución, partiendo de los comienzos de la transición del franquismo a la democracia:

1ª Etapa.- Comprende los años de la transición, desde mediados hasta finales de la década de los setenta, y se caracteriza por el esfuerzo inversor que realizan las jóvenes corporaciones locales democráticas con el fin de dar respuesta a las crecientes necesidades deportivas de los ciudadanos. Durante estos años se producen los primeros intentos de dotar de nueva entidad corporativa a los servicios deportivos municipales.

2ª Etapa.- Comprende la primera mitad de la década de los años 80 y viene definida por la constitución del Estado de las Autonomías junto con la consolidación de las Administraciones locales democráticas. En estos años 80 es cuando se produce un aumento en la construcción de instalaciones deportivas por parte de las entidades públicas.

3ª Etapa.- Comprende la segunda mitad de la década de los 80 y la totalidad de los años 90. En esta etapa se han consolidado los servicios deportivos públicos, sobre todo los ofrecidos por los ayuntamientos. Es aquí cuando se profesionaliza crecientemente su gestión y se abre un intenso e interesante debate sobre los modelos que más convienen para ofertarlos (Peiró y Ramos, 1993).

Es a partir de los años '90 cuando se comienza a hablar de la necesidad de establecer como meta prioritaria en los servicios deportivos municipales la "atención al cliente", que permite conocer de manera intangible las motivaciones, sensaciones y necesidades de éstos, así como la "autofinanciación básica" o porcentaje mínimo de ingresos que debe generar el servicio (De Andrés, 1997).

Ya en los primeros años del siglo XXI, es un periodo en el que los municipios están obligados a adaptarse a los cambios de manera permanente, sin dejar de ser eficientes en el manejo de los recursos de que disponen y mostrando respuestas a las necesidades y expectativas de los usuarios deportivos a través de la calidad de los servicios prestados. Por ello, el nuevo objetivo de los servicios deportivos pasa por conseguir la calidad del servicio que se presta como factor de éxito de la organización (Dorado, 2006).

2.3.2 La gestión deportiva en las Comunidades Autónomas

Tal y como se comenta en el apartado anterior, el texto de la Constitución Española establece cuales de los poderes pueden ser asumidos por las Comunidades

Autónomas, entre los que se encuentra la "*Promoción del Deporte y de la adecuada utilización del Ocio*".

La Ley del Deporte Estatal de 1990 es la encargada de regular en el ámbito nacional las competencias en materia deportiva. Sin embargo, la rapidez con la que se sucedieron los cambios ocasionados por el avance desmesurado del fenómeno deportivo hizo que se viera superada al poco tiempo de ser aprobada. Este motivo, unido a que las distintas Comunidades Autónomas asumen las competencias en esta materia por medio de sus Estatutos de Autonomía, hace que las distintas Leyes Autonómicas del Deporte tengan un peso muy importante en la regulación de la práctica deportiva.

La red de competencias de las distintas Comunidades Autónomas en su función de regular el deporte, vertebrarlo y estructurarlo en cada territorio tiene como objetivo común su ordenación y promoción (Dorado, 2006).

> "*Las Comunidades Autónomas, en el marco de sus estatutos desarrollan sus competencias de organización del deporte en su territorio y coordinan la acción de las entidades locales dentro de su ámbito geográfico. Las competencias están atribuidas a las Consejerías y de modo particular a las Direcciones Generales de Deportes*" (Carretero, 1992; p.141).

El sistema deportivo no tiene una organización idéntica en todas las Comunidades Autónomas, aunque el modelo de organización administrativa que existe es muy similar en todas ellas; con las denominaciones de Consejería, Viceconsejería o Dirección General, Secretaría General o Instituto de Deportes. Siguiendo a Montes (1999), en las distintas Leyes Autonómicas del Deporte podemos encontrar una serie de principios comunes en la aplicación de la política deportiva que afectan tanto a los poderes públicos como a los agentes privados implicados en su desarrollo y ejecución:

- Integración de la actividad física y el deporte en el sistema educativo.
- Fomento, desarrollo y regulación del asociacionismo deportivo.
- Igualdad de condiciones en el acceso a la práctica deportiva.
- Promoción y facilidad de acceso de la mujer al deporte.

- Promoción y organización de actividades deportivas para discapacitados y sectores sociales desfavorecidos.
- Establecimiento de una red de infraestructuras deportivas suficientes.
- Colaboración entre las distintas Administraciones públicas y de éstas hacia entidades privadas para el desarrollo del deporte.

Según Ruiz (2000), las corporaciones locales, en función de su autonomía competencial en el marco de su Comunidad Autónoma, desarrollan la política local de promoción deportiva, con especial énfasis en la construcción y mantenimiento de las instalaciones de titularidad pública, cuya financiación en gran parte proviene de las arcas autonómicas. Una de las actuaciones más relevantes en materia deportiva de las Administraciones regionales son los Planes Autonómicos de Instalaciones Deportivas.

2.3.3 Nuevas perspectivas en la gestión deportiva

El aumento de la conciencia deportiva relacionada con la salud lo demuestran las novedosas propuestas para la práctica de actividad física que demanda la sociedad (como *bodypump*, *spinning*, *aquagym*, *pilates*, etc.). Las recomendaciones desde distintos ámbitos para luchar contra la obesidad y el sedentarismo, han facilitado una industria con enormes responsabilidades para erradicar esta situación, a través de las actividades físico-deportivas, en un país donde el 38% de la población tiene sobrepeso y existe más de un 50% de sedentarismo (García Tascón, 2007).

Ramiro (2003) expone algunos de los retos planteados a los profesionales de la gestión deportiva que deben ser abordados y resueltos en el marco de una adecuada política de I+D+i (investigación, desarrollo e innovación), como lo son:

- La adaptación de las instalaciones y espacios deportivos a las necesidades sociales.
- La adaptación de las actividades y el material deportivo a los nuevos perfiles de usuarios.
- La accesibilidad de las instalaciones.
- La aplicación de criterios de la Ergonomía a la construcción deportiva y al desarrollo de equipamientos tales como asientos, escaleras, accesos, puertas,

mostradores, duchas, vestuarios, etc.

- Los aplicación de criterios de calidad y de mejora continua a la gestión de espacios e instalaciones deportivas.
- La sostenibilidad y el respeto por el medio ambiente en el diseño de las nuevas ofertas deportivas.
- La gestión de los recursos humanos.
- La aplicación de las nuevas tecnologías al ámbito de la gestión.
- Las técnicas de análisis de la demanda y estudios de la percepción del usuario.

De acuerdo con la situación actual, Ramiro (2003) expone que esta política de gestión tan sólo puede ser planteada y resuelta con el decidido apoyo de los Gobiernos de las Comunidades Autónomas. Más aún si se considera que se están realizando importantes inversiones en instalaciones y espacios deportivos y de ocio dentro del ámbito municipal.

Es por esto que, en estos momentos, la gestión deportiva es una línea de investigación clave para la situación actual del deporte. Los principales ámbitos de actuación de los estudios en este campo son:

- *Creación de nuevos espacios deportivos y su gestión. Impulsar la creación de espacios singulares y áreas de actividad (Blanco, 2003).*

El parque de instalaciones deportivas y de ocio en el estado español ha crecido de forma significativa en los últimos años junto con la actividad física desde la época democrática. Esto ha dado lugar a que actualmente, la gestión de estas instalaciones sea uno de los principales retos a que se enfrentan los responsables de las mismas. Así, la figura del profesional de la gestión de instalaciones deportivas y de ocio ha irrumpido con fuerza en este escenario demandando formación, tecnología de apoyo y actuaciones a diferentes niveles. Estos profesionales hacen frente a una realidad muy compleja en la que necesitan gestionar una enorme cantidad de conocimientos en el desempeño de sus funciones.

La heterogeneidad de los practicantes, con diferentes condiciones físicas, edad, etc., ha dado lugar a que las instalaciones deportivas tengan cada vez más, un carácter de centro social en el que se ofrecen gran cantidad de servicios tanto deportivos como complementarios. Asegurar la calidad de estos servicios y de las instalaciones demanda el manejo de conocimientos provenientes de diferentes campos que se encuentran dispersos.

- *Aumento de investigaciones para mejorar el conocimiento y prestaciones del servicio de las instalaciones deportivas.*

En general los principales problemas a los que se enfrentan los gestores deportivos se refieren a la actuación sobre los elementos de la instalación, en especial los referidos con los usuarios/clientes, porque se desconocen las especificaciones y características que deben ostentar; así, los criterios a considerar para asegurar una serie de prestaciones de calidad para los usuarios y trabajadores pueden agruparse en:

- **Higiene;** necesaria para garantizar una práctica deportiva sana y agradable. Este aspecto es muy complejo pues existe un amplio cuerpo legislativo y normativo que afecta a muchos aspectos dependientes del tipo y zona de la instalación y que, además, presenta variaciones en cada Comunidad Autónoma.

- **Funcionalidad;** de los productos, sistemas y procesos requerida para obtener la máxima rentabilidad y la eficacia en los servicios ofrecidos. Es un aspecto cada vez más crítico a medida que han ido aumentando las actividades con grupos de población especial en las que el deporte se recomienda como un vector de salud

- **Confort;** que los usuarios sienten durante el uso de las instalaciones. El confort es un aspecto ampliamente estudiado en relación a diferentes productos como el calzado, sillas y otros (Bressel y Larson, 2003; Kolich, 2003; Lee *et al.*, 2005; Mündermann *et al.*, 2004) así como referido a diferentes entornos, especialmente laborales (Sesé *et al.*, 2002). Sin embargo, es un aspecto olvidado en las instalaciones deportivas, y fundamental para la satisfacción del usuario.

- **Accesibilidad;** a la instalación y a todos sus elementos y servicios por parte de todos los posibles usuarios haciendo especial hincapié en las poblaciones especiales como niños, personas mayores o aquellos con alguna discapacidad, ya sea temporal o permanente. La accesibilidad está legislada y su desarrollo depende de las diferentes leyes autonómicas. Comprende aspectos como fricción en rampas (Norma UNE 41500), escaleras, señalización, normas NIDE (CSD, 2006; NIDE, 1980) o las normas UNE (CSD/AENOR 2006), etc.

- **Seguridad;** necesaria para preservar al máximo la integridad física del usuario y del trabajador de la instalación. Existe numerosa legislación y normativa referente tanto a los equipamientos como a las superficies y teniendo en cuenta que una instalación está formada por áreas deportivas y no deportivas los criterios a tener en cuenta su multiplican.

- **Rentabilidad;** requerida para el desarrollo sostenible de cualquier instalación deportiva.

En estos momentos es necesario seguir incrementando este tipo de investigaciones, que faciliten técnicas y procesos para mejorar y avanzar en una sociedad cada vez más competitiva y en continuo cambio.

En el sistema deportivo público se ha presenciado un cambio en los modelos de gestión, en el carácter del servicio e incluso en la propia denominación. Todo ello ha podido estar provocado por un excesivo intervencionismo desde el sector público, con una filosofía más privatizadora, y con los intentos por buscar fórmulas de colaboración con agentes del sector deportivo, como son clubes y otras asociaciones. Con el paso de los años, los planteamientos de muchas políticas de gestión deportiva han cambiado. Los responsables, políticos y sobre todo técnicos, son conscientes de la importancia de centrar las prioridades de su gestión en un equilibrio entre la rentabilidad social y económica con la mejora en la calidad de las instalaciones deportivas y de los servicios que se prestan en ellas.

2.4 La práctica físico-deportiva en la sociedad del Bienestar

El deporte contribuye a la creación de importantes valores positivos. Es ante todo fuente de bienestar y de realización personal, con efectos beneficiosos en numerosos ámbitos como la salud, la adquisición de valores necesarios para la vida colectiva, la integración social y, en ocasiones, la inserción profesional. Al mismo tiempo es una pasión compartida por miles de ciudadanos que participan en una actividad colectiva, practicándola o contribuyendo a ella como voluntarios (Dorado, 2006). La relación de la práctica de la actividad físico-deportiva ha estado, y está en multitud de casos, asociada al concepto de estado de bienestar social.

> "*Hablar hoy en día de "estado de bienestar" es referirse a un término ya desfasado, pero lleno de significado en el deporte y especialmente en la segunda mitad de la década de los 70. En toda Europa empieza a expandirse el deporte como bien social, respondiendo a un nivel de prestaciones gratuitas con consecuencias económicas de alto déficit público, donde la administración del estado se convierte en un "elemento público de ayuda". Posteriormente, aparece el término "sociedad del bienestar" que se refería a "ayúdate que yo te ayudaré". Paralelamente, se utiliza la expresión "calidad de vida" con una gran variedad de significados y a los que se les asocian términos como salud, bienestar, estilos de vida, condiciones de vida, nivel de vida o grado de satisfacción de necesidades, entre otros*" (Merino, 2001; p.16).

La idea de prestador de servicios en un sentido general y gratuito hizo que algunos agentes del sistema deportivo se beneficiasen, como fuente importante de recursos, ante estas actuaciones paternalistas e intervencionistas de ayuntamientos y diputaciones (Dorado, 2006). Sin embargo, la idea de fomento de la actividad física ya se entiende como el "*servicio público*" que presta el deporte dentro de un modelo asumido por la Administración del Estado. Por estos motivos, la gestión del deporte ha contribuido no sólo al fomento del deporte popular desde un punto de vista social, sino que también han sido partícipes del desarrollo del deporte espectáculo y del federado de alta competición, con lo que esto ha supuesto[3].

[3] Según Dorado (2006), en ocasiones los clubes o equipos "representativos" de los municipios, cuyos deportistas se les pagan elevadas fichas, primas, etc. se han visto muy favorecidos con estas fuentes de recursos económicos con cargo a las arcas de la Administración pública. Del mismo modo, algunos de

De aquí a unos años el ámbito deportivo ha sufrido una serie de cambios muy significativos: desciende la eminente vocación competitiva, federada y/o profesional, a favor de la búsqueda de hábitos saludables y necesarios para elevar la calidad de vida, como son el empleo del tiempo del ocio y la diversión junto a los amigos.

En este sentido, Cagigal siempre mostró una enorme visión de futuro sobre estos cambios en la estructura deportiva. En 1975 afirmó que "*el deporte estructurado en clubes y federaciones, resultado de la realidad social del siglo XIX y primera mitad del siglo XX, tiene que ir dejando paso, o al menos haciendo sitio, al deporte al alcance de la mano, al deporte a la vuelta de la esquina*" (p.83). Para este autor, el "*deporte-práctica*" debía desvincularse completamente de la imagen de "*deporte-espectáculo*" y de deporte de competición, ya que se trataba de dos estructuras completamente distintas que requerían planteamientos diferenciados.

Al igual, García Ferrando (1990) llega a la conclusión de que en España, cuando se han utilizado fórmulas de organización deportiva inspiradas en el deporte federado, de carácter competitivo y selectivo, los programas municipales se han agotado y fracasado rápidamente, habiéndose llevado a cabo importantes inversiones que no se justificaban a tenor de la escasa participación deportiva lograda. En cambio, cuando dichos programas han tratado de relacionar la actividad físico-deportiva con las demandas más actuales de salud, recreación, ocio y relación social, se han conseguido rendimientos más altos de participación y satisfacción personales en relación a las inversiones realizadas

Por tanto, un objetivo común para los agentes públicos y privados, será facilitar y proporcionar a todos los ciudadanos la práctica deportiva, realizada de manera regular, cualquiera que sea su edad, condición, etc., posibilitando el desarrollo de sus capacidades físicas, motoras, afectivas y sociales que deriven en la formación integral de la persona y en su salud. Lograr este fin, implica la necesidad de investigación sobre

estos ayuntamientos también han tratado de beneficiarse de los éxitos del deporte de competición. Sin embargo el verdadero esfuerzo se ha dirigido a atender a las necesidades de participación social a los ciudadanos que pretendían una práctica de la actividad física y del deporte.

los comportamientos y hábitos de práctica de actividad física y deporte, así como también de estudios sobre el uso de los espacios deportivos.

Esta estrecha relación existente entre ambos sistemas social y deportivo, se ha puesto de manifiesto a raíz de diversos estudios e investigaciones, desarrollados con el ánimo de conocer los intereses, hábitos, actitudes y valores de la población española entorno a la actividad física y el deporte, ya sea a nivel nacional (García Ferrando, 1982; 1986; 1991; 1997; 2000; 2006; INE, 1968; Vázquez, 1993), autonómico (Baranda, 1995; García Ferrando, 1989; Giralt y López-Jurado, 1999; Peiró, 1987a; 1987b) o local (Área d'Esports, 1996; Cañellas y Rovira, 1995; García Ferrando y Mestre, 2002; Ispizua, 1993).

No se puede olvidar que entre los objetivos de salud de todas las sociedades avanzadas figura la reducción de la inactividad física, desarrollando estrategias encaminadas a suprimir las barreras que se oponen a la práctica (Bauman, 2004; Fox, 1999; Fulton *et al.*, 2004; Sproston y Primatesta, 2003; Varo *et al.*, 2003; Yngve *et al.*, 1999). Asimismo, la participación regular en una actividad física moderada, es un importante componente en un estilo de vida saludable (Brach *et al.*, 2004; Clark, 2005; Steffen *et al.* 2006; Strong *et al.*, 2005; Wendel-Vos, 2007).

Según los últimos datos aportados por Centro de Investigaciones Sociológicas, sobre las conclusiones de la Encuesta sobre Hábitos Deportivos de los Españoles en el año 2005, (García Ferrando, 2006), este fenómeno se puede considerar de un gran calado social al incorporarse a los estilos de vida de los españoles. Asimismo se expresa que los niveles de práctica deportiva de manera regular en la población española están en un 37%, presentando otros porcentajes más altos, países europeos como Dinamarca con 50%, o Finlandia con 75% (Pfister, 2006).

Estos estudios sobre los hábitos deportivos de la población española vienen siendo incluidos en las operaciones estadísticas del Plan Estadístico Nacional desde 1995. Además, tanto la encuesta del año 2000 como la presente encuesta del año 2005 se han integrado en el proyecto europeo COMPASS, en el que participan los servicios nacionales de estadística y otros organismos públicos de investigación deportiva de los principales países europeos. Un proyecto cuyo objetivo principal es el de establecer un marco comparativo sobre la participación deportiva en la Unión Europea, utilizando idénticos conceptos teóricos e instrumentos metodológicos (Gratton, 1999), lo que permitirá evitar en el futuro que en cada país se utilicen formas distintas de definir y medir lo que se entiende por práctica deportiva y otros comportamientos sociales relacionados con el asociacionismo deportivo.

La publicación del Euro barómetro nº 138-6, que recoge los resultados de una encuesta sobre hábitos deportivos de la población de la Unión Europea en 2003, indica que los mayores porcentajes de práctica físico-deportiva (porcentaje de población que hace deporte o realiza ejercicio físico al menos una vez por semana) se presentan en países del Norte (principalmente Finlandia y Suecia con un 70%, Dinamarca con un 53%; y Países Bajos con un 43%), mientras que las naciones con porcentajes más bajos corresponden a países del Sur europeo (Portugal 22% y Grecia con un 19%, correspondiendo a España el 37%). No obstante, los resultados de la encuesta muestran que en Europa, existe un promedio del 46% de la población que hace actividad físico-deportiva al menos una vez por semana, aunque la cifra preocupante es sin embargo que más del 40% de la población no practica ninguna actividad física moderada o vigorosa (Morales, 2006).

García Ferrando (2006) expone en la última encuesta sobre hábitos deportivos de 2005, que se ha producido un estancamiento y/o estabilidad en cuanto a práctica deportiva se refiere en los últimos años. En el año 2005 se situó en un 37% el nivel nacional de práctica de uno o varios deportes, idéntico al 37% del año 2000, y ligeramente inferior al 39% obtenido en el año 1995. Estos resultados son muy interesantes, ya que siendo comparados con los valores medios de la Unión Europea expuestos anteriormente, (entre 45-50% de práctica deportiva) resulta un porcentaje inferior. Esta misma tendencia al estancamiento parece haberse producido en la inmensa mayoría de Comunidades Autónomas (Tabla 2.III).

Tabla 2.III. Evolución de la tasa global de práctica deportiva en las Comunidades Autónomas (Martínez del Castillo, 1998; García Ferrando, 2006)

Comunidad Autónoma	1974	1980	1990	1995	2000	2005
Andalucía	16	24	29	35	29	33
Aragón	16	18	26	35	33	36
Asturias	10	16	26	36	43	38
Baleares	14	25	34	47	36	37
Canarias	14	33	35	35	36	35
Cantabria	15	33	36	36	36	33
Castilla-La Mancha	9	16	27	36	27	30
Castilla y León	19	21	42	38	40	34
Cataluña	24	31	40	43	44	43
Ceuta	-	-	-	-	-	41
Comunidad Valenciana	13	21	31	40	39	37
Extremadura	13	22	26	22	26	29
Galicia	11	21	31	32	33	33
La Rioja	13	18	25	33	40	40
Madrid (Comunidad de)	28	35	38	48	45	43
Melilla	-	-	-	-	-	53
Navarra	29	35	48	46	46	45
País Vasco	13	21	31	40	43	39
Región de Murcia	20	21	33	40	36	34
Total España	18	25	35	39	37	37

El porcentaje de personas que manifestaba tener mucho o bastante interés por el deporte se incrementó desde un 50% hasta un 63%, alcanzando su máximo valor (65%) en 1990 (García Ferrando, 1998). Por otra parte, en poco más de veinticinco años la tasa global de práctica deportiva en España se triplicó con creces, pasando de un 12,3% en 1968 (INE, 1968) hasta un 39% en 1995 (García Ferrando, 1997). Además, cabe destacar que los cambios no solamente han sido cuantitativos, sino también cualitativos, aumentando la frecuencia e intensidad de la actividad física en las personas practicantes.

Asimismo, los españoles manifiestan que emplean su tiempo libre en “hacer deporte” un 33% en 2005, ligeramente superior al 31% que lo hacía en 2000, puede deberse a la mayor calidad de la oferta deportiva, pero éste es un incremento menor al registrado en “ver deporte”, con un 38% en 2005 frente al 29% que lo hacía en 2000 (García Ferrando, 2006). Una de las interpretaciones más elocuentes que podemos realizar sobre este hecho puede deberse a la presencia masiva de los medios de comunicación de eventos y acontecimientos deportivos, convertidos en grandes espectáculos nacionales.

El modelo deportivo tradicional se encuentra cada vez más caduco. El carácter competitivo pierde intensidad frente la práctica deportiva recreativa y deporte para todos. Si ya en el año 2000, era mayoritaria la población (un 66%) que hacía deporte sin preocuparse de competir, lo es todavía más en el año 2005 con un 70% de practicantes. Disminuye igualmente el porcentaje de competición con amigos por divertirse de un 15% a un 12%, y además también se reduce, aunque no tan significativamente, en las competiciones regladas inferiores (12% al 11% actual). Al combinar los resultados de interés y satisfacción de la población con la práctica deportiva podemos encontrar que en la práctica de actividad física, influyen determinadas circunstancias ocupacionales, familiares y también referidas a las instalaciones deportivas, que conducen con frecuencia a realizar más o menos deporte e incluso a abandonarlo, de forma temporal en muchos casos.

Hay que indicar que el deporte más practicado en España, después de la última encuesta de 2005, sigue siendo la natación, seguida del fútbol, y el ciclismo. La natación (y más concretamente la natación recreativa), es la práctica más popular, practicada por un 33%, de los cuales un 32,2% es de natación recreativa y solamente un 0,8% es natación de competición. Estos resultados son consecuencia del gran incremento en la oferta, construcción y utilización de las piscinas cubiertas (aumento del 305% de piscinas cubiertas-PCU en la comparación del II Censo Nacional de Instalaciones Deportivas de 1997, con el III Censo de 2005), convirtiendo a la natación en una actividad regular durante todo el año. El fútbol, con carácter competitivo, es el segundo deporte más practicado con un 31,7%, aumentando cada vez en otras vertientes más recreativas como el fútbol playa, fútbol-7 y fútbol sala. Similar al caso de la natación encontramos al ciclismo, como tercer deporte de práctica mayoritaria en España, situándose con un 19,1%, y en el que el 18,7% (es decir, prácticamente la totalidad de sus usuarios), lo realiza de forma recreativa.

En referencia al deporte asociativo, consultando el registro de licencias del Consejo Superior de Deportes del año 2005, el número de licencias federativas tiene un aumento constante desde 2001, con un total de 3.138.201. Es el fútbol el deporte con mayor número de federados, representando un 21,7% del total, seguido por la caza y baloncesto con 432.420 y 279.660, respectivamente. El golf, con un aumento anual del 10% desde 1991, representa el cuarto deporte federado de España, llegando a las 279.660 fichas federativas en el año 2005. Éste es un claro ejemplo de la popularización de un deporte, antiguamente considerado elitista, así como también el enfoque hacia la nueva construcción urbana y turística de los campos de juego, lo convierten en un deporte de fácil acceso y practicable a cualquier edad.

Por todo lo anterior, el deporte se ha convertido, a través de las grandes competiciones y de sus protagonistas, en un espejo en el que se identifica gran parte de la población, teniendo en cuenta las enormes connotaciones de carácter emotivo que se generan. Es labor de las organizaciones implicadas en este hecho deportivo, utilizar la importancia social que tiene como un instrumento, facilitando y fomentando su práctica a la mayor cantidad posible de ciudadanos de nuestra sociedad.

2.5 La dimensión económica del deporte

En los efectos de la práctica deportiva y de la actividad física no sólo destacan sus beneficios hacia la salud, a la integración, por sus valores transmitidos o por su relevancia educativa, sino también por la rentabilidad que derivan a la economía. En España, la industria de la actividad física y el deporte genera ya, un 1,6% del Producto Interior Bruto (PIB) (Arévalo, 2006) funcionando cada día más, como factor económico de primer nivel, pero también integrándose a la actividad turística como instrumento económico.

El Secretario de Estado para el Deporte, Jaime Lissaverzky (2006) subrayó, recientemente, la creciente importancia del sector deportivo en las nuevas formulas de diversificación económica de las empresas. En este sentido, ha destacado positivamente el enorme interés que representan estos datos con relación a la creación de riqueza y generación de empleo. Previamente, París (1996) ya indicaba que el deporte como actividad económica representaba cerca del 1,2% del PIB en 1996, y entre el 1,5% y el 1,8% del consumo total en España. También Andreff (2001) realiza una estimación con un modelo logia, que muestra que la probabilidad de que un país gane medallas en los Juegos Olímpicos aumenta con el PIB *per cápita* y la población.

El sector de actividades e instalaciones deportivas representan más de 1 de cada 5 empresas de las existentes en el conjunto de actividades recreativas, culturales y deportivas; contribuyendo con el 1,26% del valor añadido del sector terciario. Asimismo, según indica un estudio sectorial sobre las actividades deportivas y sus instalaciones de 2006, el sector está formado por un total de 13.012 empresas y 13.875 locales, que se concentran principalmente en cinco Comunidades Autónomas: Cataluña (17,63%), Madrid (15,49%), Andalucía (13,78%), Comunidad Valenciana (10,61%) y País Vasco (6,58%).

Se ha convertido en una conjunción económica y social tal, que el impacto en las repercusiones económicas de este fenómeno comienza a interesar seriamente a los planificadores. Actualmente los medios de comunicación tienen en el deporte, uno de los elementos estratégicos de financiación y de cuotas de audiencia. Por tanto, la influencia económica del deporte indica la suma complejidad del desarrollo deportivo sin un apoyo económico. Por este motivo tiene un papel muy relevante sobre la configuración del modelo, así como en los sistemas deportivos. De alguna forma, el deporte nunca ha estado completamente ausente de la actividad comunitaria, ya que tradicionalmente ha sido considerado como una actividad económica (Dorado, 2006).

La tendencia de las investigaciones actuales en España denota un creciente interés por estudiar el impacto que supone el deporte en un territorio o región concreta. Caben destacar los estudios realizados sobre las Comunidades Autónomas de Andalucía (Otero *et al.*, 2000), Castilla y León (Pedrosa y Fernández-Abascal, 2001), y Navarra (Rapún *et al.*, 2003), entre otros, en los que se valora el sector deportivo y su actividad económica en relación a otros sectores. Otras aportaciones sobre el impacto económico del deporte son las llevadas acabo por Alonso *et al.* (1991), París (1996) y Heinemann (1998). Dentro del ámbito europeo destacan los estudios llevados a cabo por Jones (1989) por Andreff *et al.* (1993) y por Andreff y Webwer (1995).

Consecuentemente, Heinemann (1995) afirma que el deporte se puede entender en nuestras sociedades como un producto de consumo, por lo que se ha convertido en un objeto económico muy atractivo en el mercado de bienes y servicios.

Otero *et al.* (2002) hacen una serie de consideraciones a tener en cuenta sobre la incidencia económica del deporte:

- Posee una evidente dimensión económica junto a otras de carácter social (relacionadas con la educación, la cultura, la salud, etc.), cuya importancia va creciendo a medida que las sociedades progresan y se desarrollan.
- Los gastos y las inversiones públicas se pueden justificar tanto desde la perspectiva de la política social como de la económica; ésta última debido a la contribución de la actividad deportiva a la creación de riqueza y empleo.
- La argumentación social es fácil de transmitir, incluso en términos cualitativos, pero la argumentación económica precisa de argumentos cuantitativos, siendo desarrollado en las últimas investigaciones.
- Conviene enfatizar que los aspectos económicos y sociales del deporte están íntimamente relacionados, por lo que muchos impactos deportivos, sobre todo los relacionados con la celebración de grandes eventos deportivos, deberían realizarse por equipos de expertos que adopten un enfoque interdisciplinar.

- Existe la necesidad de que se promuevan foros internacionales en los que los expertos expongan y discutan sus ideas sobre la forma de medir la incidencia económica del deporte.
- Aunque existen asociaciones de expertos, como la Asociación Internacional de Economistas del Deporte (IASE), o el Observatorio Económico del Deporte, constituido en 2007 en la Universidad de Oviedo, que tienen como objetivo promover encuentros y estudios sobre este campo, no existe a día de hoy ningún organismo internacional que patrocine la elaboración de modelos de análisis y criterios estadísticos encaminados a armonizar los métodos de estimación de la incidencia económica.
- Esta situación cambiará a medida que la opinión pública y las instituciones tomen conciencia de que el deporte no es sólo un aspecto importante de la política cultural y social, sino una industria cuyo peso está creciendo por su sinergia con la educación, la salud, el turismo y otras actividades relacionadas con el tiempo libre.

2.5.1 La dimensión económica de las instalaciones deportivas

Las consideraciones anteriores sobre ésta dimensión plantean una necesidad real para analizar el impacto económico del deporte desde por parte de todos los agentes implicados. En este sentido Oña (2003) opina que es importante el papel desarrollado por los organismos públicos en la promoción del deporte en general, y en particular en la construcción y puesta en funcionamiento de numerosas instalaciones deportivas y organización de eventos deportivos como instrumento de difusión de las ciudades. La inmensa mayoría de estudios que han tratado de identificar la incidencia de las instalaciones deportivas en el sector económico provienen del ámbito internacional (Andreff, 2001; Coates y Humphreys, 2003; Diez-Roux *et al.*, 2000; Ecob y Macintyre, 2000; Estabrooks *et al.*, 2003; Giles-Corti y Donovan, 2002a; 2002b; Hillsdon *et al.*, 2007; Kamphuis *et al.*, 2007; Macintyre y Ellaway, 1998; Sproston y Primatesta, 2003; Van Lenthe *et al.*, 2005).

El valor económico de las instalaciones deportivas (valor del suelo (repercusión del suelo) más costes de construcción más beneficio del promotor) es uno de los análisis que cualquier Comunidad Autónoma o municipio debería realizar (Cubeiro y Gallardo, 2008).

Un gran número de instalaciones deportivas se encuentran actualmente en construcción o en proyecto de ser construidas, siendo su principal fuente de financiación, el dinero público, y excepcionalmente ciertas inversiones privadas (Coates y Humphreys, 2003). Encontramos que la media de financiación pública en Estados Unidos, es del 65% del coste total del proyecto de construcción de nuevas instalaciones, con un gasto público medio de 208 millones de dólares (Coates y Humphreys, 2003). Según Gallardo (2001), la Dirección General del Deporte de la Junta de Comunidades, invertía gran parte de su presupuesto en la construcción de instalaciones deportivas, definidos en planes cuatrienales. La distribución anual en los capítulos 2 y 4, es alrededor de 6 millones de euros, repartidos básicamente en deporte federado y deporte de base. Las corporaciones locales, donde el presupuesto de cada corporación local ronda el 4,5 para el deporte, del presupuesto total del ayuntamiento, lo gastan en el deporte para todos.

En España, estudios de Pascual *et al.* (2007) encuentran que el número de instalaciones deportivas estaba asociado con el nivel absoluto de riqueza de la región o zona en la que se insertan, aunque no encontraron relación con la distribución de ingresos entre la población. Hillsdon *et al.* (2007) indican que, en Inglaterra, los niveles de actividad física de la población en su tiempo libre son bajos, pero aún son menores en adultos con una posición socioeconómica baja (Sproston y Primatesta, 2003).

En otro estudio se indicó que en general, las características de las áreas más desfavorecidas es que presentan unas instalaciones con mal diseño, de baja calidad y en mal estado (Van Lenthe *et al.*, 2005); además de también, tener un menor número de recursos materiales para la práctica físico-deportiva (Estabrooks *et al.*, 2003). Del mismo modo, se ha observado que las áreas con menores niveles de equipamientos e instalaciones dedicados al bienestar (fitness y wellness), y las áreas con grandes desigualdades en ingresos tienen un gran predominio en inactividad física de sus residentes. Los autores de estos estudios atribuyen estos resultados al hecho de que estas áreas tienen menos servicios, así como espacios verdes o infraestructuras deportivas y de recreación (Diez-Roux *et al.*, 2000; Ecob y Macintyre, 2000; Giles-Corti y Donovan,

2002a; 2002b; Macintyre y Ellaway, 1998).

El estudio realizado por Hillsdon *et al.* (2007) muestra también que la disponibilidad de instalaciones deportivas disminuye a medida que aumenta el nivel de pobreza o que decrece el nivel socioeconómico de una determinada área. Asimismo, Kamphuis *et al.* (2007) encontraron que la falta de equipamientos pueden determinar que la actividad física se desarrolle en las mejores condiciones, y aunque no lo considera como un factor determinante para ésta, sí es considerado como un factor importante para los participantes.

Por su parte Andreff (2001), demuestra una fuerte relación entre el nivel de desarrollo económico de un país y el nivel de su desarrollo deportivo. Los países en vías de desarrollo están dotados de pocas instalaciones deportivas y mal equipadas, experimentando de este modo, una deficiencia en educación física y deportes, falta de financiación para el deporte, etc., y teniendo sus atletas que marcharse a los países desarrollados por su incapacidad para mejorar su rendimiento deportivo, así como para albergar eventos deportivos.

Anterior a la burbuja inmobiliaria del suelo en España, AFPgrupo (2002) estimó que el valor económico de los espacios deportivos del Censo Nacional de Instalaciones Deportivas de 1997 suponía unos 13.240 millones de euros (unos 2,2 billones de pesetas). Esto supone un aumento comparativo, con el anterior censo de 1986, del 42%, frente al 31% de variación en el número de espacios. También se expresa que el crecimiento en valor económico de los espacios es mayor que el crecimiento del valor económico por habitante debido al aumento de población (se estimó que el valor económico era de 322 euros por habitante).

Este mismo estudio también efectuó, a través de un grupo de expertos, una valoración de la importancia del mercado de los espacios deportivos en la economía. Se considera que la población valora la inversión pública en espacios deportivos más que otro tipo de inversiones. Una de las principales razones que argumentan es que los espacios deportivos suponen una materialización de los impuestos que paga el ciudadano en algo que le reporta utilidad directa. También se apuntan argumentos tales como:

- Los espacios deportivos tienen una incidencia directa en la calidad de vida de los ciudadanos.
- Son espacios para la práctica del deporte, actividad con alta consideración social por sus efectos sobre la salud y la convivencia.
- Debido a la forma de vida urbana y sedentaria, los espacios deportivos son importantes porque permiten la práctica del deporte y mantenerse en forma.
- Tanto los practicantes como los no practicantes de actividades deportivas valoran positivamente el deporte y los espacios deportivos por los citados efectos beneficios del deporte.
- Acercan al ciudadano a la actuación pública.
- La importancia de los medios de comunicación sobre el deporte, lo que favorece que el ciudadano conozca mejor las inversiones que se realizan en espacios deportivos que las de otro tipo.

3.

LAS INSTALACIONES DEPORTIVAS

3. LAS INSTALACIONES DEPORTIVAS

3.1 La evolución histórica de la infraestructura deportiva

Las instalaciones son el soporte físico en el que se desarrollan las actuaciones del sistema deportivo (Ramírez de Arellano, 2003). Una marca, una progresión en el entrenamiento, un partido entre equipos no tendrían efecto positivo con una instalación que provocara riesgo o falta de visión del espectáculo o gasto desmesurado en el uso diario (Beotas, 2006).

El deporte surge como una necesidad superior de manifestación capital del ser humano (Durántez, 2004). Desde los arcaicos juegos funerarios en los que se quería honrar a través de la competición lúdica la memoria del difunto, entre los familiares y amigos, a las confrontaciones rituales ulteriores en donde la competición es base de la liturgia, aunque se venera al Dios patrón del santuario en una manifestación de deporte-religión o culto-deporte, el lugar o escenario del desarrollo es siempre el mismo. En éste, el culto, la veneración o la devoción tiene lugar, pues la confrontación deportiva es en definitiva una faceta más de la variada gama de actos solemnes que integran el programa ritual de aquellas civilizaciones.

Sin embargo, la actividad físico-deportiva, dada la espectacularidad de su desarrollo y la sutil penetración social que siempre gozó, logró una notoriedad y protagonismo que le permitieron reivindicar un trato distinto a todas las demás ceremonias, exigiendo para su desarrollo amplios espacios en los que dar cabida a los protagonistas de estas prácticas, así como a los asistentes que siguen los actos hasta su desenlace. Del mismo modo, no se olvidaban los incipientes requisitos técnicos que configuraban las primeras experiencias reglamentarias para cada tipo de especialidad. Es entonces cuando surge la necesidad de proyectar como arte, edificios dedicados al deporte, es decir, se origina la arquitectura deportiva (Durántez, 2004).

Asimismo, en la antigüedad clásica, aproximadamente entre los siglos VII y V a.C., ya existían lugares con instalaciones e infraestructuras para el deporte. Al principio tenían un carácter de tipo ceremonial y religioso y con el paso del tiempo, se convirtieron en otros más específicos para el espectáculo y diversión. Las instalaciones arquitectónicas con finalidad deportiva tienen en el mundo de la Edad Antigua una desigual distribución, y solamente son dignas de mención por su importancia histórica, o por el legado que han dejado en nuestra actual civilización, las existentes en Europa y América, específicamente concretadas en el mundo helénico y en el maya-azteca.

Bien es cierto que en aspectos como la distancia de la carrera, las dimensiones espaciales, etc., diferían de un sitio a otro, pues no había instrumentos normalizados de medición, para evaluar ni su longitud ni el tiempo (Beotas, 2006). Lo que si existían, aún hoy en día se puede ver, eran los lugares, la distancia fija entre dos puntos, límites y/o metas, marcadas bien en el suelo con una banda de mármol acanalada o bien un poste vertical o hito.

Previamente al esplendor heleno, los egipcios dentro de su complejo patrimonio cultural, la práctica físico-deportiva debió ocupar un importante lugar. En las pirámides, mastabas e hipogeos, los artistas de la época exhibieron figuras varoniles de anchos hombros, estrecha cintura y piernas poderosas, inequívocos testimonios anatómicos de una asidua práctica gimnástica (Durántez, 2004). Las actividades más representadas eran la carrera, remo, pugilato, levantamiento de peso, equitación y caza, así como ejercicios gimnásticos y de contorsión. Pero principalmente era la lucha la actividad competitiva representada con mayor profusión. En este sentido las famosas figuras de luchadores de la tumba de Beni-Hasan (2000 a.C.) escenifican, una serie de lances con llaves, presas y torsiones. Sin embargo, del mundo egipcio antiguo nada se ha conservado sobre instalaciones en las que la práctica deportiva se desarrollase. Algo similar ocurre con la civilización Cretense-Minoica, que tuvo lugar entre los siglos XX y XV a.C. Los testimonios iconográficos, como los del vaso campaniforme de Hagia Tríada, nos revelan una sociedad amante de la práctica físico-deportiva a través de sus luchadores, pugilistas o saltadores de toros, pero no se tiene constancia de sus recintos de práctica (Diem, 1996).

Ya dentro del imperio griego, dentro del rico y variado bagaje cultural que legaron a la posteridad, figura el del deporte, con la filosofía de su práctica como medio formativo del hombre y como quehacer necesitado de un adecuado lugar. De la Grecia clásica, vienen a nuestra lengua, palabras de uso diario como *estadio*, que significa distancia, *gimnasio*, lugar de práctica deportiva, que se realizaba desnudo, *palestra*, o lucha, o *espectador* que significa la persona, que va a ver deporte. Por tanto, la instalación agonal en la forma que ha de evolucionar hasta nuestros días surge en Grecia.

> *"No hay educación sin deporte, no hay belleza sin deporte; sólo el hombre educado físicamente es verdaderamente educado, sólo él es en efecto hermoso, y lo hermoso es idéntico a lo bueno"*
>
> (Aristóteles, s. IV a.C., en Diem, 1996, p.118)

Recientes excavaciones han revelado la existencia, dentro de Atenas, de cuatro gimnasios (el de Hermes, el de Filodelfos, el de Attalos Stoa y el de Diógenes), así como las palestras de Taureas Sibyrtrios e Isocrates. Extramuros estaban ubicados la Academia de Platón, el Lykeion en donde enseñaba Aristóteles, el Gimnasio de Heracles y el Estadio de las Panateneas, escenario de los famosos Juegos Panatenaicos en honor de la diosa Palas Atenea, patrona de la ciudad, instalación que iniciada por Pariteles fue ulteriormente ampliada en mármol blanco por Herodes Atico. Sin embargo, como exponente del rico abanico de tan variadas dependencias con finalidades deportivas, la principal de todas ellas ha de ser el que fuera escenario de los grandes Juegos Panhelénicos y en especial, por su significación y posterior proyección histórica, los de Olimpia.

El Estadio de Olimpia, al igual que la mayoría de los antiguos estadios griegos, no tiene ni nunca tuvo graderíos. Los espectadores, cualquiera que fuese su clase y condición, tomaban asiento sobre la hierba en una serie de cinco o seis terrazas laterales excavadas en el monte Cronos por un lado y por el otro en los graderíos y desigualdades de un terraplén artificial. Solamente en el centro del lado sur, se ha descubierto una tribuna que se supone era el lugar en donde tomaban asiento. Las pistas del Estadio de Olimpia poseen una longitud de 192 metros con 28 centímetros (Figura 3.1.).

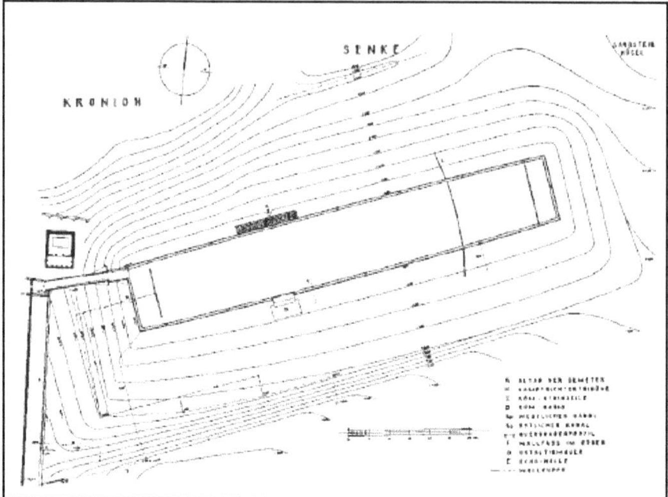

Figura 3.1. El Estadio de Olimpia en el siglo IV a.C., (Mallwitz, 1988)

Con Roma, y en particular, con el Circo Máximo, o con el Coliseo Flavio, año 70 d.C., se llegó casi a la perfección en cuanto a las condiciones de las infraestructuras y los equipamientos deportivos (Beotas, 2006). Es necesario constatar que lo que se denomina instalación deportiva contemporánea tiene mucho más que ver con el conglomerado espectacular del circo romano, que con la pureza simbólico-catártica de la práctica deportiva de la civilización griega. El "*panem et circensis*" romano se correspondía más con este deporte-espectáculo actual, que como la práctica deportiva que sirve para apaciguar a la multitud y distraerlas de la tensión colectiva.

Después llegó una amplia y extensa época de tiempo que casi duró mil años (del siglo V al XIV d.C.), motivada fundamentalmente por la creencia religiosa. En la Europa Cristiana se da un paso atrás, se abandona el culto al cuerpo y a la higiene, y los conocimientos adquiridos en los años anteriores son encerrados en los monasterios y olvidados, por lo que se reducen los espacios de actividad física. Salvo el ejército y la caballería, que eran patrimonio de la nobleza y la primitiva burguesía, se puede afirmar, que el concepto, deporte, o espectáculo, no existió en este período.

A principios del s. XIX, primero en Francia, con las academias militares, y después en Inglaterra con el despertar de las universidades y del desarrollo del ocio y la recreación, se indujo la necesidad de normas, reglamentos, competiciones, que en definitiva supondría la construcción de instalaciones deportivas de todo tipo. Empezaron a crearse cubiertas y espacios, no sólo para deportistas sino también para los espectadores.

Esto fue uno de los cambios más significativos, debido fundamentalmente a que la actividad deportiva, pasaba de ser una reunión entre quienes la practicaban, a congregar a multitud de personas, que acudían al lugar del espectáculo, como en la antigüedad clásica, entraban y se situaban de la forma más cómoda posible y pasaban un tiempo en el recinto, con todos los problemas derivados del avituallamiento, accesibilidad, servicios higiénicos, visibilidad, etc.; así como vallaban y controlaban el acceso a la instalación deportiva, además de cobrar por entrar y ver el espectáculo.

Al principio, el origen de esta primera generación de infraestructuras deportivas, entendiendo las clásicas como el punto de partida, tenían su base en la arquitectura e ingeniería industrial. El uso de nuevos materiales de construcción como el hierro fundido y el vidrio complementaban, a los tradicionales de piedra, ladrillo y madera, surgiendo nuevas formas. Hubo por tanto, un cambio radical de estilo arquitectónico, tan importante y comparable al del paso del Románico-Gótico al esplendor del Renacimiento (Beotas, 2006).

El punto de arranque del modelo de esta primera generación de infraestructuras deportivas tiene su piedra angular en la edificación en Londres del *Crystal Palace* de Joseph Paxtón (1801-1865), en la época Victoriana del año 1851, construido para ser sede de una exposición. Si bien, en este final del siglo XIX, también hubo un espectacular despertar edificatorio en Estados Unidos, tanto en Nueva York como en Chicago.

Otros de los ejemplos dignos de citar es el *Royal Albert Hall*, de Fowke y Darracott, en Londres 1871, en recuerdo del Príncipe consorte y a iniciativa de la Reina Victoria, con una capacidad de unos 7.000 espectadores. Es uno de los paradigmas de los nuevos palacios deportivos, para la práctica de boxeo y tenis, y actualmente, después de las reformas adecuadas, se encuentra funcionando en el mismo lugar.

Figura 3.2. A la izquierda el Crystal Palace de Londres, en 1851. A la derecha, imagen actual del Royal Albert Hall de Londres

A partir de entonces, ya en el siglo XX, arranca la denominada segunda generación de instalaciones (Beotas, 2006). Un ejemplo de esto fue la creación de las piscinas. Los griegos clásicos no tenían en sus preferencias habituales el nadar y, por tanto, en los Juegos Olímpicos del mundo antiguo no había pruebas de natación, situación que ocurrió también al principio en los primeros Juegos de la era moderna. Ya en los Juegos Olímpicos de París de 1900, "la piscina" era el río Sena y hubo algunas pruebas de natación, incluso de actividades parecidas al buceo.

Por tanto, las infraestructuras deportivas al aire libre no dejaron de progresar y perfeccionarse, realizándose normalmente para el uso específico de cada modalidad deportiva. Así se construyeron muchos estadios, campos de fútbol, hipódromos, etc. Algunos con tribuna cubierta y con facilidades y espacios para los espectadores, de acuerdo con lo que la nueva sociedad exigía. De esta época son los estadios de Amberes (1920), Ámsterdam (1928), Los Ángeles (1932), y Berlín (1936); multitud de campos de fútbol clásicos ingleses como el de Wembley de 1923; e hipódromos como el de La Zarzuela de 1935. También campos de fútbol españoles como el de O'Donnell (1924), o el Metropolitano (1923).

Hay que esperar hasta 1957 para que Nervi y Vitellozzi proyecten y edifiquen el *Palazzetto dello Sport*, en Roma, de 5.000 espectadores, que, junto a su siguiente edificio, el Palazzo, será el primero para una manifestación deportiva a cubierto, en este caso, de la importancia de unos Juegos Olímpicos, como los de Roma de 1960. Albergó 16.000 espectadores. Del mismo modo, Félix Candela, para los Juegos Olímpicos de México (1968), proyectó el mayor pabellón construido para tal fin hasta la fecha, dotándolo de una capacidad para 25.000 espectadores.

Los siguientes Juegos Olímpicos de Munich (1972) introdujeron un nuevo concepto, no tenido en cuenta hasta entonces, sobre el *monumentalismo* de estos edificios, con el *Olympiapark*; su versatilidad, utilidad, fin, el posterior uso y mantenimiento económico, así como la primordial preocupación de integrarse en el medio natural de forma sostenible. Este concepto es importante pues muchas veces se proyectan instalaciones deportivas pensadas, solamente, para el día de la inauguración, bien por falta de planificación, o por un mal proyecto o por razones políticas (Beotas, 2006).

Figura 3.3. A la izquierda el Palazzetto dello Sport de Roma, de 1957. A la derecha, el Olympiapark de Munich, en 1972

Si a las causas anteriores se añade el excesivo número de plazas de asiento que se solicitan, junto a los metros cuadrados de servicios de todo tipo, aparecen con infraestructuras deportivas cuya funcionalidad, gestión, consumo,... les hacen muy deficitarias y, lo que es peor aún, sin uso cotidiano.

La arquitectura mundial de las grandes instalaciones deportivas de hoy en día tiene visos de sustituir (o por lo menos igualar) en grandiosidad y belleza a las asombrosas obras de palacios, plazas y monumentos religiosos, de otras épocas. Sus exposiciones, tours, museos y alrededores, son visitados como auténticos lugares de peregrinaje. Estamos ante el nacimiento de una generación de instalaciones deportivas, a las que podemos denominar "*las nuevas catedrales del siglo XXI*".

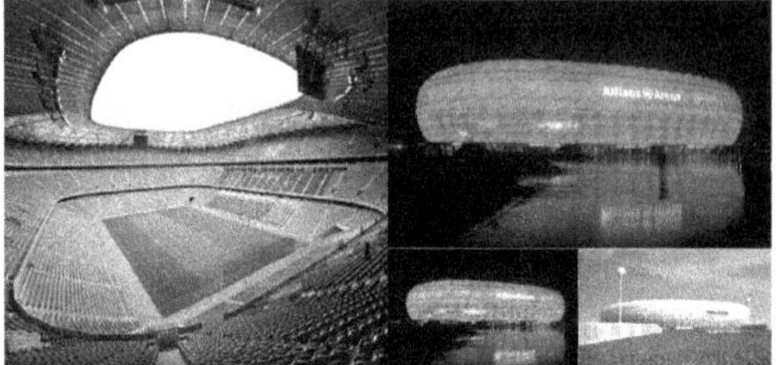

Figura 3.4. A la izquierda dos imágenes del Allianz Arena de Munich. A la derecha, el Estadio de Shanghai

3.1.1. La evolución histórica de la arquitectura e infraestructura deportiva en España

El primer referente histórico, salvando los circos y anfiteatros de la Hispania romana, del que se tiene como tal instalación o recinto delimitado para la práctica deportiva y recreativa, es el grafiado en el plano de Pedro Texeira de 1656, de la Villa de Madrid (Beotas, 2006). Con el nº de orden 92, aparece el Juego de Pelota del Palacio del Buen Retiro de Madrid (Figura 3.5.). Se observa claramente su dimensión, zona de juego, espacios y edificaciones complementarias, etc. En el mismo plano, en la zona de los Caños del Peral, aparece un ensanchamiento junto a un muro, rotulado con la expresión Juego de Pelota.

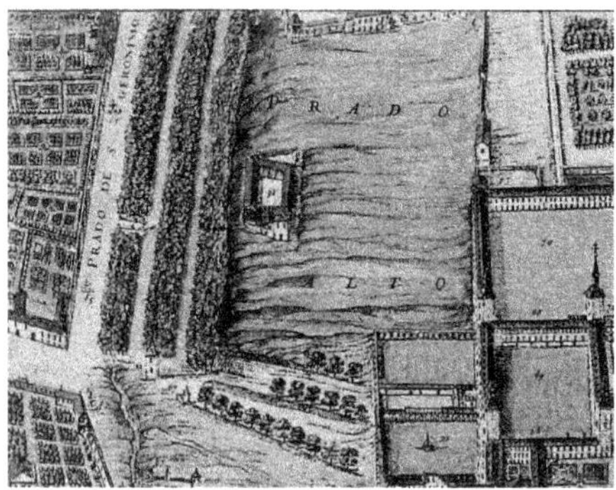

Figura 3.5. Extracto del Plano de Pedro Texeira de la Villa de Madrid, 1656, en el que aparece una instalación destinada al Juego de Pelota (nº 92)

Igualmente, a partir de aquí, en muchos lugares, plazas, atrios de iglesias, patios de colegios, aprovechando muros y superficies libres se implantarán multitud de espacios para el juego de la pelota, en toda su variedad de modalidades, frontón, trinquete,..., así como otros juegos.

El segundo impulso que se dio en España en cuanto a la modernización y construcción de instalaciones deportivas, lo proporcionarían las Academias Militares, con el desarrollo de los espacios necesarios que se derivaban de su castrense uso por ser herederas del concepto académico de la época. De este modo, aparecen los primeros gimnasios y picaderos modernos, salones de armas, los campos al aire libre para la práctica de deportes higienistas, etc., arraigadas por Francisco Amorós, en la primera mitad del siglo XIX.

El siguiente escalón lo ocupan aquellas prácticas y docentes que, desde la enseñanza de la Educación Física, se ocuparon de su estudio, divulgación y práctica en el mundo civil. Su ejemplo más característico es la puesta en uso de los valores dictados por las Universidades y la Institución Libre de Enseñanza en 1876 (Beotas, 2006). Las primeras instalaciones deportivas modernas, del siglo XX, están compuestas por campos grandes, bien para el juego del fútbol (Huelva, Bilbao o Águilas en Murcia), o bien para práctica del atletismo (Barcelona, Tolosa y Madrid).

Un paso adelante lo dan seguidamente los diversos clubes de natación, radicados fundamentalmente en Barcelona. También hay que destacar el buen impulso que fue la fundación de la Escuela Central de Gimnasia en Toledo. Puntos cardinales de este periodo fueron la edificación del *Estadio de Montjuïc* (Barcelona), el *Hipódromo de La Zarzuela* (Madrid), el *Frontón Recoletos* (Madrid) y la Piscina de la Isla (Madrid). De esta época, es también la primera vez, que en 1929 que se realiza una exposición destinada a material deportivo en Madrid.

Los años siguientes se desarrollaron obras muy importantes, como los grandes estadios de fútbol del Real Madrid C.F., *Chamartín* (1947), y del F.C. Barcelona, *Camp*

Nou (1957). De estos campos de fútbol han sido modelos arquitectónicos utilizados como patrones de referencia deportivos a lo largo del país (Beotas, 2006). De esta época son los primeros Parques Sindicales de Madrid, como *Puerta de Hierro* (1955), los *Palacios de Deportes* de Barcelona (1956) y de Madrid (1960) así como los campos de deportes de *Anoeta*, en San Sebastián.

Pero el referente arquitectónico de la instalación deportiva en España, y que continuaría en los años posteriores, se debe al arquitecto Alejandro de la Sota, con su edificio conocido como Gimnasio del Colegio Maravillas de Madrid (1962). A partir de entonces, no ha parado de crecer el parque de espacios y zonas donde se ha implantado una infraestructura deportiva y masivamente desde los años ochenta del siglo XX, tanto en número como en calidad arquitectónica (Beotas, 2006)

El fin de este periodo coincide con el apogeo de los Juegos Olímpicos de Barcelona (1992), correspondientes a la XXV Olimpiada de la Época Moderna. Tanto en su organización como gestión, así como, en su desarrollo deportivo y posterior uso, junto a su arquitectura, entre otros el *Palau Sant Jordi* (por el arquitecto japonés Arata Isozaki, en 1990) han sido el modelo a seguir.

Nos encontramos en el principio de una nueva generación de instalaciones deportivas de la que son ejemplos el nuevo *Palacio de Deportes de Madrid* (2005) y el *Madrid Arena* (2004); y en la que la utilización de estos espacios con único uso deportivo, ha llegado totalmente a su fin.

3.2 Los espacios deportivos. Clasificación y tipología

En primer lugar, a modo de introducción y tomando como referencia las aportaciones del Manual del Agente Censal, redactadas para la confección del Censo Nacional de Instalaciones Deportivas-2005 (en adelante, CNID-2005) (CSD, 2005), se considera conveniente definir las siguientes construcciones deportivas:

Instalación deportiva: *Recinto compuesto por uno o varios espacios donde se desarrolla la actividad físico-deportiva de manera permanente, o que sea de general reconocimiento. La instalación deportiva está formada por aquellos espacios deportivos, espacios complementarios y servicios auxiliares que estén situados en un recinto común y tengan un funcionamiento dependiente y homogéneo.*

Ejemplo: Una piscina cubierta (con sus aparcamientos, recepción, vestuarios, vasos, gradas, salas, etc.) (Figura 3.6.).

Figura 3.6. La instalación Water Cube (Cubo de Agua) de Beijing 2008

Como complemento fundamental a la Instalación Deportiva, se encuentra el *Espacio Deportivo* y *Complejo Deportivo*:

Espacio Deportivo: *Zona o lugar de una instalación deportiva sobre la que específicamente se desarrolla la actividad físico-deportiva. El espacio deportivo puede disponer o no, de referentes reglados con dimensiones establecidas.*

Ejemplo: El vaso de la piscina cubierta (Figura 3.7.).

Figura 3.7. Vaso pequeño de una piscina cubierta

Complejo Deportivo: *Conjunto de instalaciones deportivas, normalmente agrupadas, que funcionan independientemente entre sí y que se conocen bajo una misma denominación.*

Ejemplo: Una Ciudad Deportiva, en cuyo recinto se encuentran una piscina cubierta, un pabellón polideportivo, una pista de atletismo, pistas polideportivas, etc. (Figura 3.8.)

Figura 3.8. Complejo deportivo de Anoeta, San Sebastián

Al igual que la evolución de la actividad física en España, con el incremento continuo de la práctica deportiva en nuestro país en las dos primeras décadas de democracia y el pequeño estancamiento en esta última década, de forma paralela parece haberse producido una evolución diferenciada del espacio para la práctica de actividades físico-deportivas (Martínez del Castillo, 1998; Martínez del Castillo y Puig, 1998; Puig, 1994).

Según Puig (1994) la evolución y la estructura del espacio deportivo responde a tres tendencias: constitutiva, racionalizadora y consumista. La autora argumenta que esta diferenciación no significa que cada una de estas categorías esté vigente durante un periodo de tiempo y que desaparezca en el siguiente, sino que se superponen, haciendo que algunas retrocedan o que coexistan junto a otras.

La tendencia constitutiva se corresponde con los primeros momentos de la génesis del espacio deportivo, como lo conocemos hoy en día, y predomina en Europa Occidental hasta la 2ª Guerra Mundial. Los espacios e instalaciones deportivas se construyen bajo una gran diversidad de criterios: no existe una estandarización de los materiales, la distribución de los espacios responde fundamentalmente a criterios estéticos y no funcionales, no hay rigidez en el trazado de los campos, etc. En consecuencia, existe una nula o escasa reglamentación del espacio deportivo.

La tendencia racionalizadora se inicia a partir de la 2ª Guerra Mundial, coincidiendo con un incremento muy notable en el ritmo de producción de equipamientos deportivos en toda Europa Occidental. De forma progresiva, se consolida la reglamentación deportiva y las federaciones internacionales dictan el modo de como se ha practicar cada deporte, lo que incluye una normativa en cuanto al espacio y sus aspectos constructivos. De manera que las instalaciones deportivas comienzan a ser cada vez más similares, ya que la edificación de los espacios se realiza de acuerdo a las normas establecidas por las distintas federaciones para que se puedan celebrar en ellos encuentros deportivos oficiales.

El sector público jugó un papel primordial en el desarrollo de estos espacios deportivos racionalizados y reglamentados (Puig, 1994). Se crean espacios acordes con el modelo deportivo tradicional, orientado al rendimiento y a la competición, que era el dominante en esta época (Martínez del Castillo, 1998). Clearing House (1993) expone que la mayor parte del patrimonio deportivo existente en Europa fue realizado entre los años sesenta y setenta, durante los cuales la sociedad del ocio dio al deporte la posibilidad de desarrollarse de manera espectacular. No obstante, la oferta deportiva en esta época estaba basada fundamentalmente en determinadas disciplinas y formas concretas de práctica (deporte organizado, deporte de competición y deporte de alto nivel), de carácter tradicional. En consecuencia, gran parte de las instalaciones deportivas existentes en la actualidad (sobre todo las de gran envergadura), diseñadas durante esta época sobre criterios normativos rígidos y parámetros reglados para la competición, son incapaces de responder a las nuevas expectativas creadas por los usuarios y el mercado deportivo.

La tendencia consumista se desarrolla desde mediados de los años '80, como respuesta al proceso de diversificación o heterogeneización interna experimentado por el sistema deportivo (Puig, 1994). Durante estos años, se acercan al deporte grupos de población que tradicionalmente no habían practicado y surgen nuevas demandas deportivas, muy alejadas del modelo deportivo tradicional, que reclaman la existencia de instalaciones más acordes con las mismas. Debido a ello, se empiezan a construir espacios no reglamentados orientados a los nuevos modelos deportivos. Asimismo, el espacio urbano y el medio natural comienzan a utilizarse con fines deportivos, de ocio y recreación.

En España, después de analizar los datos proporcionados por los tres Censos Nacionales de Instalaciones Deportivas realizados hasta la fecha (CENID, 1986; Martínez del Castillo, 1998; Gallardo, 2007), se puede afirmar que antes de 1979 la tendencia racionalizadora ya se encontraba plenamente instalada en el parque de infraestructuras y equipamientos deportivos nacional. Dicha tendencia se siguió manteniendo con gran fuerza entre 1980 y 1988, predominando claramente frente a los inicios de la tendencia consumista. A partir de 1989, la tendencia racionalizadora parece comenzar a perder cierta vigencia en términos relativos, mientras que la consumista parece empezar a apuntar con algo más de fuerza (Rodríguez, 2001).

El desarrollo de la tendencia consumista en la producción de equipamientos deportivos, ha hecho que ciertos tipos de espacios empiecen a adaptarse a los nuevos modelos deportivos surgidos del proceso de heterogeneización del deporte (Martínez del Castillo, 1998). Sin embargo, en la mayor parte de las instalaciones deportivas complejas (como pabellones deportivos y piscinas cubiertas) parece continuar predominado una lógica racionalizadora, ajena a los nuevos perfiles y demandas de los practicantes de actividades físico-deportivas (Clearing House, 1993).

Desde diferentes ámbitos que tienen por estudio las instalaciones deportivas, numerosos expertos han avanzado que se están originando problemas con la baja demanda de ciertas actividades deportivas y el abandono de los soportes espaciales de las mismas (Coates y Humphreys, 2003; Fried, 2005; Gallardo, 2005; Martínez del Castillo, 1991; Rodríguez, 1997).

Clearing House (1993) propuso que, en un futuro, la concepción de nuevos equipamientos debería tener en cuenta dos aspectos fundamentales. Por un lado, las nuevas instalaciones deberían ser concebidas con el fin de presentar una rentabilidad máxima a todos los niveles (construcción, energía, utilización, etc.). Por otro, la futura oferta de instalaciones se tendría que adaptar a las prácticas deportivas emergentes, a los perfiles de los nuevos grupos de destino (mujeres, adultos, tercera edad, etc.) y a las nuevas motivaciones relacionadas con la práctica físico-deportiva.

Estas líneas evolutivas de las instalaciones deportivas, implicarían el abandono parcial de las normas arquitectónicas tradicionales y rígidas del primer momento, para orientarse hacia una concepción más flexible, más preocupada por el elemento cualitativo, y que se remitiera a una definición más amplia del concepto deporte (Clearing House, 1993). Desde hace tiempo se han venido insistiendo en la necesidad de ir adaptando las ofertas de servicios y la infraestructura deportiva a los nuevos perfiles y demandas de los practicantes (Cavnar, 2004; Durán, 1995; Gallardo, 2007; Martínez-Tur *et al.*, 1995; Moreno, 1997; Rodríguez, 1997; Vázquez, 1998)

3.2.1 Tipos de espacios deportivos

Este trabajo de investigación ha tomando como principal fuente de datos los ofrecidos por el CNID-2005 (Gallardo, 2007). Para tal efecto, se ha elaboró por el Consejo Superior de Deportes, un documento denominado Manual del Agente Censal (CSD, 2005), que tiene como finalidad definir y establecer la organización de procedimientos a seguir en la ejecución del CNID-2005. Esto conlleva la aparición de nuevos espacios deportivos, y por tanto de nuevos parámetros de análisis que ayudan a las organizaciones deportivas a conocer el estado de la situación. Por tanto, se establece una nueva clasificación de los espacios deportivos y sus tipologías, como consecuencia de este tercer Censo (Figura 3.9.). Esta clasificación es novedosa y debe ser un referente dentro de la planificación de instalaciones deportivas en el país.

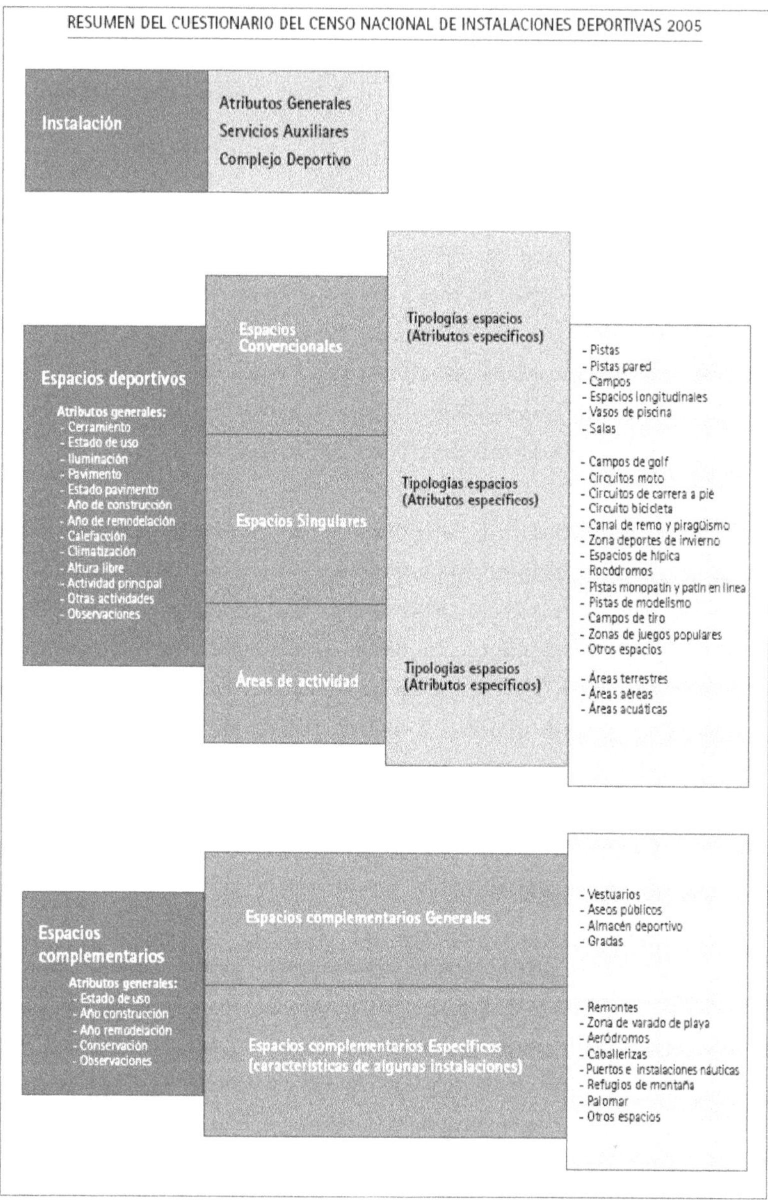

Figura 3.9. Tipología y clasificación de los espacios, según el CNID-2005 (Gallardo, 2007)

Por otra parte, y atendiendo a las características básicas de los *Espacios Deportivos*, éstos se clasifican según a tres grandes grupos de espacios: *Convencionales*, *Singulares* y *Áreas de actividad* (Figura 3.10.).

Los *Espacios Deportivos Convencionales* son construidos para dar servicio a las prácticas deportivas más comunes y tradicionales, y cumplen con dimensiones normalizadas, aunque no siempre se ajustan a ellas. En este gran grupo encontramos las pistas polideportivas, frontones, pistas de tenis, campos de fútbol, pistas y espacios de atletismo, velódromos, vasos de piscina, patinódromos, salas polivalentes y especializadas, etc. Este grupo acostumbra a presentar una distribución geográfica bastante homogénea, ya que constituyen el gran grueso de instalaciones deportivas debido a su alta demanda tradicional. Estos espacios pueden ser abiertos (construidos al aire libre) o cerrados (con cubierta, y cerramientos laterales) y suelen contar con el apoyo de los espacios complementarios (vestuarios, aseos públicos, almacenes deportivos y gradas).

Los *Espacios Deportivos Singulares* son espacios más específicos, y que suelen estar sujetos a condicionantes de demanda y requerimientos espaciales. Estos factores conducen a que su distribución en el territorio sea desigual. Son espacios también construidos para la práctica deportiva y que, aunque ésta pueda estar reglamentada, presentan unas dimensiones y características adaptadas a cada tipo y lugar, diferentes unos de otros. Como ejemplo, son los campos de golf, pitch and putt, circuitos de motor, circuitos de bicicleta, canales de remo y piragüismo, rocódromos, boulders ratifícales, pistas de monopatín, hipódromos, campos de tiro, etc. Estos espacios deportivos pueden o no contar con el apoyo de espacios complementarios (vestuarios, aseos públicos, almacenes deportivos y gradas).

Finalmente, como tercera tipología encontramos las *Áreas de Actividad*, que se distinguen por la indefinición de sus límites y por el medio en el que la práctica físico-deportiva tiene lugar: área terrestre, acuática o área. Nos referimos a infraestructuras o espacios naturales sobre los que se han efectuado determinadas adaptaciones, o son utilizados frecuentemente para la práctica de actividades físicas y deportivas. Tales ejemplos son las vías verdes, itinerarios de bicicleta de montaña, caminos e itinerarios a pie, zonas de escalada, zonas de baño en ríos y playas, zonas de vuelo sin motor, zonas de vela y deportes náuticos, etc. Estas áreas de actividad deportiva pueden o no contar con el apoyo de espacios complementarios específicos (caballerizas, remontes, palomares, etc.).

Figura 3.10. De izquierda a derecha, Espacio Convencional (Pista de Atletismo), Espacio Singular (Circuito de velocidad) y Área de Actividad (Río)

3.2.2 Los espacios complementarios

Además de los espacios deportivos, las instalaciones pueden disponer o no, de otros espacios que dan apoyo a la práctica deportiva. Éste, es el caso de los *Espacios Complementarios*, son aquellos espacios que dan apoyo y están en relación directa con el desarrollo con la actividad deportiva. Como ejemplo de ellos encontramos los vestuarios, aseos públicos, almacenes deportivos, gradas, remontes, etc. También esta nueva clasificación propuesta por el CSD, nos indican que existen los *espacios complementarios específicos*: en las Áreas de actividad es frecuente que los únicos espacios físicos construidos sean los propios espacios complementarios (por ejemplo remontes, refugios, palomares, etc.), por su "especificidad" a la actividad deportiva a la que apoyan.

3.2.3 Los servicios auxiliares

Del mismo modo, también pueden o no existir en las instalaciones deportivas, los *Servicios Auxiliares*. Son infraestructuras que complementan a la actividad deportiva pero que no están relacionados directamente con los espacios deportivos, sino más ligados con la actividad económica, o el confort y la calidad de la instalación en la que se insertan. Ejemplos tales son los centros médicos, guarderías, peluquerías, restaurantes, oficinas, bares, salón de actos, etc.

3.3 La influencia de las instalaciones deportivas en la actividad física de la población

Numerosos estudios apuntan a que las instalaciones deportivas pueden ayudar a promover un contexto social saludable.

Se han realizado diversas investigaciones sobre la asociación entre la disponibilidad de las instalaciones deportivas y la actividad física (Eyler *et al.*, 2003; Giles-Corti y Donovan, 2003; Humpel *et al.*, 2004; Li *et al.*, 2005; Pascual *et al.*, 2007; Stahl *et al.*, 2001; Van Lenthe *et al.*, 2005; Wendel-Vos *et al.*, 2004). Varios autores han encontrado una relación significativa positiva entre la actividad física y el apoyo social y del entorno (DiLorenzo *et al.*, 1998; Sallis *et al.*, 1992; Sallis y Owen, 1998). Otras investigaciones han demostrado que, además de las características individuales, las diferentes características del área de residencia están relacionadas con la actividad física que realiza su población (Ball *et al.*, 2001; Brownson *et al.*, 2001; Diez-Roux *et al.*, 2000; Ecob y Macintyre, 2000; Giles-Corti y Donovan, 2002a; Macintyre y Ellaway, 1998; Parks *et al.*, 2003; Takano *et al.*, 2002; Van Lenthe *et al.*, 2005).

El entorno social en el que desenvuelve el individuo, junto con el entorno físico, como son las instalaciones deportivas, han sido presentados como los mayores pronosticadores para conseguir ciudadanos físicamente activos (Stahl *et al.*, 2001). Sallis y Owen (1996) indicaron que el entorno físico de los barrios puede tanto facilitar como desanimar la práctica deportiva. Por tanto, debemos entender que las intervenciones en el entorno, con la creación de nuevas instalaciones deportivas, suponen intervenciones pasivas en la sociedad, ya que requieren que la gente actúe, para producir cambios en las conductas, reducir los riesgos de enfermedades y promover una vida más sana (Stahl *et al.*, 2001). Otros autores como Duncan *et al.* (2002) señalan que el barrio o vecindario de residencia es un factor que influye de forma significativa la práctica de actividad físico-deportiva.

Además, distintos trabajos han señalado que existe relación entre el número de lugares para el ejercicio físico y la probabilidad de satisfacer las recomendaciones de actividad física (Parks *et al.*, 2003). También se encontraron correlaciones positivas entre los niveles de actividad en niños, asociados al número de espacios de juego y al total de tiempo empleado en esos espacios por los mismos (Sallis *et al.*, 1997).

Por otro lado, un reciente censo de instalaciones deportivas realizado en la ciudad de Boston, fue catalogado como "*valioso para futuras planificaciones deportivas y recreativas para la ciudad de Boston y sus socios comunitarios*" (Hannon *et al.*, 2006; p.3). En este estudio se utilizaron variables como el número de instalaciones deportivas y el número de programas de actividad física. Se detectó que en las áreas con los ingresos bajos tenían mayor cantidad de jóvenes por instalación deportiva que el centro urbano de la ciudad.

Estas modificaciones en el entorno físico-deportivo (provistos de indicadores positivos hacia la salud) pueden cambiar la percepción de su propio entorno, proporcionando influencias y conductas positivas hacia la práctica de actividad física (Stahl *et al.*, 2001). Como estímulos positivos del ambiente encontramos aquellos que nos permiten un mejor acceso a la práctica deportiva y de actividad física, como son los diferentes tipos de instalaciones deportivas (campos polideportivos, carril-bici, piscinas, etc.) (Sallis *et al.*, 1998).

Igualmente, las intervenciones de las autoridades en el entorno son consideradas como una importante forma de acción y promoción de salud pública, si bien, lejos de quedarse en la mera construcción de nueva infraestructura de carácter deportivo, ha de ser complementada con acciones de educación para la salud (Holman, 1997; Schmid *et al.*, 1995). Según indican algunos autores (De la Plata, 2001; Martínez del Castillo, 1999; Puig, 1994; Teruelo, 2002), el aumento en la práctica y la densidad de la actividad física está íntimamente unido al auge en la construcción de instalaciones deportivas. En los últimos tiempos, crear espacios activos y accesibles se ha convertido en el objetivo planteado cada vez más en el diseño y remodelación de las ciudades (Hoehner *et al.*, 2003). Por tanto, la reserva de suelo edificable, para futuros usos de carácter deportivo, debe ser convenientemente considerada y planificada en los proyectos de ordenación urbanística de las ciudades.

Van Lenthe *et al.* (2005) explican que una de las más notables evidencias de relación entre las características del entorno urbano y la práctica de actividad física es el papel que desempeñan los factores de la cercanía y proximidad a las instalaciones deportivas. Asimismo, se obtuvo una asociación positiva entre la percepción de proximidad de las instalaciones para la práctica físico-deportiva (como gimnasios) y otros espacios urbanos (como parques y tiendas) y la probabilidad de ser físicamente activo (Ball *et al.*, 2001; Booth *et al.*, 2000; Brownson *et al.*, 2001; Giles-Corti y Donovan, 2002a; 2002b).

El acceso a la instalación deportiva (es decir, que la persona que desee realizar actividad física pueda llegar desde su residencia o trabajo al centro deportivo, de una forma rápida y adecuada) es un factor considerable puesto que aumenta la práctica deportiva en comparación a otros lugares más inaccesibles (por lejanía, medios de comunicación, falta de aparcamiento, etc.) (Estabrooks *et al.*, 2003; Tsou *et al.*, 2005). También, los resultados de estudios de carácter cualitativos realizados en Australia aconsejaron que la proximidad y el buen acceso a las instalaciones deportivas son factores muy importantes para el uso de las instalaciones y la posterior práctica de actividad física (Stahl *et al.*, 2001). Otras investigaciones mostraron que existía un peor acceso y proximidad a las instalaciones deportivas locales en las áreas más desfavorecidas (Sooman y Macintyre, 1995).

Relativo a otros posibles factores condicionantes sobre la práctica deportiva, en algunos estudios también encontramos porcentajes bajos de práctica de actividad física en áreas desfavorecidas, debido sobre todo, a que los barrios son poco atractivos, con problemas de seguridad, de accesibilidad o de cercanía a las instalaciones deportivas (Booth *et al.*, 2001; Wilson *et al.*, 2004). Diversos estudios han demostrado que las intervenciones en el entorno físico deportivo en pequeños barrios y poblaciones, han conseguido incrementar la práctica de actividad física en los grupos de población afectados (Linenger *et al.*, 1991; Sallis *et al.*, 1997; Stone *et al.*, 1998).

Por otra parte, es necesario indicar que en las condiciones climatológicas es otro factor estudiado en diferentes países (UK, USA o Países Bajos), que pueden influir en que haya menos práctica deportiva, pero que con políticas e inversiones en instalaciones cerradas y aclimatadas, se reducen estas limitaciones (Kamphuis *et al.*, 2007).

En España, estudios realizados durante la redacción del CNID-2005, permitieron indicar que el porcentaje de pavimento en buen estado de cada Comunidad Autónoma correlaciona de forma significativa positiva con el porcentaje de práctica deportiva de esa población (Gallardo, 2007). El entorno o la instalación donde se produce las sesiones físicas o deportivas influyen fuertemente en la sensación y el grado de satisfacción del practicante. Por tanto, se asume que las áreas con pocos espacios dedicados al bienestar, y aquéllas en las que se han invertido menos recursos en la creación de espacios e infraestructuras deportivas nos llevan un pobre desarrollo y mantenimiento de la salud en su población (Pascual *et al.*, 2007).

Actualmente empieza a aparecer una gran demanda de I+D+i en el campo de las instalaciones deportivas, la cual es necesaria para poder avanzar en el diseño de la planificación en infraestructuras deportivas.

El estudio de la oferta de instalaciones deportivas es necesario no sólo para conocer las necesidades de la población, de manera que se pueda prever, analizar y planificar de forma más certera sobre la práctica deportiva, presente y futura, sino que esta sería una herramienta de valiosa información para las instituciones deportivas. Cualquier sistema deportivo debe adecuar la oferta de infraestructura deportiva a la demanda, contribuir a la mejora de las demandas sociales en actividades, equipamientos e instalaciones deportivas, proporcionando de esta forma un mejor servicio de calidad. Asimismo, será necesario elaborar actualizaciones periódicas y analizar su evolución, de forma que el sistema se retroalimente continuamente.

3.4 La gestión y planificación de instalaciones deportivas

La Carta Europea del Deporte de 1992 en su artículo 4.3. destaca que:

> "*Puesto que la práctica del deporte depende en parte del número y diversidad de instalaciones y de las posibilidades de acceso a las mismas, su planificación global será competencia de los poderes públicos que tomarán en consideración las exigencias nacionales, regionales y locales, así como las instalaciones públicas, privadas y comerciales ya existentes. Los responsables adoptarán las medidas precisas para garantizar una buena gestión y la plena utilización de las instalaciones en un entorno seguro*" (p.19).

En nuestro país, cada vez existen más instalaciones deportivas, donde la construcción e inversión viene realizada por los Ayuntamientos y las Comunidades Autónomas; pero su mala planificación en muchas de las mismas, ha hecho que uno de los problemas más comunes sea la falta de previsión de gestión y mantenimiento de las instalaciones. Gallardo (2006) cree necesario la realización de un estudio de necesidades, adaptando a la situación de cada municipio para conocer sus verdaderas amenazas, debilidades, fortalezas y oportunidades. Antes de construir se ha de crear mecanismos de conocimiento de nuevas necesidades (número de m^2 y valor del m^2), de control del índice de práctica deportiva, la planificación y su gestión; en definitiva, conocer en todo momento el rendimiento que puede ofrecer la instalación deportiva. Según Arroyo (1993), los municipios han asumido fuertes inversiones para equipamientos y ahora están soportando altos costes de mantenimiento y de prestación de servicios deportivos a la población que no son valorados en el grado deseable. La falta de cooperación en los costes de prestación del servicio provoca déficit que no pueden mantener los ayuntamientos y exige soluciones creativas para lograr un cambio de mentalidad tanto en las Administraciones como en los beneficiarios.

Constantemente nos estamos enfrentando a la aparición de nuevos tipos de espacios para la práctica deportiva, y nuevas realidades que gestionar. De modo que, sería importante conocer la situación de cada instalación y el valor del m^2 de todas las instalaciones deportivas de un municipio, de manera que la realización y gestión de las nuevas instalaciones deportivas, nos permitan aumentar los índices de la práctica de actividades físico-deportivas (Gallardo, 2006).

La planificación de instalaciones deportivas por parte de las autoridades públicas debe ser considerada como una de las políticas principales que pueden incidir de forma indirecta en el objetivo de conseguir una población saludable, así como reducir su inactividad física, actuando en los factores y circunstancias asociadas a esta conducta de riesgo (Pascual *et al.*, 2007). Aunque también, en el diseño y localización de las instalaciones deportivas en las ciudades, no sólo influyen decisiones políticas deportivas y de sanidad, sino también económicas y culturales (Bale y Moen, 1995; Jones, 2001).

Diversos autores coinciden al señalar que en nuestro país, y hasta fechas muy recientes, la provisión de infraestructura deportiva no ha ido acompañada habitualmente de los adecuados procesos de planificación, especialmente en las intervenciones llevadas a cabo por el sector público (Ispizua, 1992; Vázquez, 1998). Antes de 1970 la mayoría de los equipamientos eran gestionados por el sector privado, pero la evolución de los servicios deportivos municipales que se produce a partir de 1975 hace que las Administraciones públicas tengan cada vez un papel más activo en la gestión de instalaciones pasando del 33% a un 57% en el año 1985, y a un 59,81% del 2005.

Por tanto, la mayoría de las instalaciones existentes en el conjunto del sistema deportivo en España tienden a ser de titularidad pública. Según París (1996), el gran esfuerzo inversor que se hizo por parte de los municipios españoles en instalaciones deportivas provocó que los ayuntamientos sean los propietarios de las mejores instalaciones de nuestro país y del mayor número de equipamientos. Actualmente, hay que indicar que, además de los Ayuntamientos, la mayoría del esfuerzo inversor en instalaciones deportivas procede de las arcas autonómicas. Los planes directores de instalaciones deportivas de las Comunidades Autónomas (normalmente cuatrienales) han sido parte responsable de las construcciones deportivas de los últimos 15-20 años, incluso antes de asumir las competencias en materia deportiva. Los planes autonómicos son de carácter principalmente *municipalista*, puesto que prevé una cofinanciación muy favorable los Ayuntamientos, no llegando a aportar estos últimos más del 50% de inversión, y siendo la aportación regional, en ocasiones, cercana al 100%. A continuación se presenta la tabla 3.I, que muestra la financiación de las nuevas construcciones de instalaciones deportivas de titularidad municipal, por la Junta de Comunidades de Castilla-La Mancha, según el plan regional de instalaciones deportivas 2006-2010.

Tabla 3.I. Financiación plan regional de instalaciones deportivas de Castilla-La Mancha

FINANCIACIÓN plan cuatrienal de instalaciones deportivas 2006-2010, de Castilla-La Mancha		
POBLACIÓN	**AYUNTAMIENTO**	**CONSEJERÍA**
Hasta 400 hab.	5%	95%
401 - 1.000 hab.	10%	90%
1.001 - 2.000 hab.	15%	85%
2.001 - 5.000 hab.	25%	75%
5.001 - 10.000 hab.	35%	65%
10.001 - 20.000 hab.	45%	55%
Más de 20.000 hab.	50%	50%
Tipologías que excedan Anexo II		**Máximo 50%**

En este contexto, Burriel y Burriel (1994) ponen de manifiesto que cuando no se conocen con exactitud las necesidades de la demanda y/o no se han estudiado con atención las características de la oferta en el ámbito municipal, se dificulta la definición de objetivos y estrategias. Esta falta de concreción provoca, en el caso de la infraestructura deportiva, una distribución no razonada y no estructurada del presupuesto destinado a la creación o remodelación de instalaciones y, en definitiva, una falta de coherencia en la aplicación presupuestaria.

Martínez-Tur *et al.* (1996) hicieron un análisis de las relaciones que se manifiestan en la gestión de instalaciones deportivas y la satisfacción de los usuarios en función de su carácter público o privado. Otros autores han estudiado las conductas de los usuarios y su satisfacción en relación a la tipología o gestión de las instalaciones deportivas (Añó y Martínez-Tur, 1997; Prieto, 1998; Rodríguez y Barriopedro, 2003) o las variables influyentes y predictoras de la satisfacción en el uso de instalaciones deportivas (González *et al.*, 1989; Martínez del Castillo y Rodríguez, 1998). Estos últimos autores establecen algunas de las variables influyentes de la calidad del diseño y la gestión de instalaciones deportivas que intervienen en los encuentros que se dan entre las organizaciones y los usuarios deportivos. Hacen referencia principalmente a indicadores relacionados con el acceso urbanístico, la accesibilidad arquitectónica, el control de los accesos y los espacios auxiliares.

Según Martínez-Tur y Tordera (1995), se pueden considerar tres grandes tipos de gestión de instalaciones deportivas:

- Voluntarista, con la finalidad de crear cauces de participación y conseguir la financiación de entidades públicas y privadas, regida principalmente por la acción afectiva.
- Racional pública, cuyo objetivo es el bienestar general y el seguimiento de un procedimiento jurídico, regido por la racionalidad axiológica.
- Racionalidad privada, con el objetivo de obtener una rentabilidad económica y la innovación y adaptación del instrumental al mercado, centreada más en la racionalidad tecnológica.

Siguiendo estos criterios Moreno (1992), afirma que la gestión racional pública está recibiendo cada vez mayores presiones por asemejarse a criterios de funcionamiento privado, mediante procesos de racionalización, fórmulas mixtas de gestión y privatización. Esto provocaba, según Loret (1993), que en las Administraciones públicas se den tres tipos de problemas para gestionar las instalaciones deportivas que están relacionados entre sí. Por un lado, una excesiva burocratización de los procedimientos; por otro, un elevado coste que muchos municipios no están dispuestos a asumir; y por último, la complejidad del sector deportivo, y el mercado que en él se genera, que requiere una gestión de innovación que las Administraciones públicas están teniendo dificultades para cubrir de manera eficaz. En la actualidad, las prácticas de gestión indirecta de las instalaciones deportivas se manifiestan en la gran mayoría de ayuntamientos con gran trayectoria deportiva, llegándose a subcontratar la totalidad de servicios que acontecen en las mismas. Las dos modalidades más utilizadas en la gestión indirecta son la *concesión* y la *gestión interesada*. Para ello, existe la posibilidad de realizar una buena gestión por medio de la intervención de un buen pliego de prescripciones técnicas y el establecimiento de un mecanismo de control.

Dorado (2006) considera absurdo pensar que el ámbito público se debe regir por los mismos principios que el privado, como puede ser el de rentabilidad económica. La gestión de instalaciones de uso público atiende a unas competencias que le han sido asignadas y en las que priman las facilidades de acceso a la práctica deportiva de la mayoría de los ciudadanos que faciliten el bienestar general de la población. Según este autor, este bienestar deberá tener en cuenta la evolución de la demanda y las necesidades que ésta va produciendo.

En la gestión de instalaciones, la determinación de ofrecer unos espacios para la práctica deportiva de calidad y la necesidad de atender a las demandas de los usuarios implicará un plan de actuaciones para mejorar el funcionamiento de éstas. Siguiendo a Atero *et al.* (2003), es necesario establecer tres tipos de planes para optimizar el funcionamiento de las instalaciones deportivas:

- El *plan de uso* en el que se establezcan los horarios de apertura y cierre de las instalaciones y un cálculo exacto de las "horas útiles" en función de la utilización, con el fin de reflejar la gestión de la oferta en las instalaciones para satisfacer las demandas y necesidades de los usuarios. También es necesario establecer un reglamento del uso de las instalaciones.
- El *plan de mantenimiento*, que puede tener diferentes niveles: perfecto, excelente, óptimo, bueno, suficiente, etc. en función del periodo de vida útil, del volumen de gastos y del nivel de comodidad para los usuarios.
- Un *plan de limpieza* en el que se establezcan los momentos y periodicidad en los que se llevan a cabo la revisión y limpieza de las instalaciones.

Rodríguez (2001) establece unos criterios básicos en el diseño de las instalaciones deportivas para que sean más funcionales, tengan una mejor gestión y faciliten su mantenimiento, lo cual hará posible atender de manera más coherente las necesidades demandadas:

- Coherencia respecto a los objetivos y usos programados para los diferentes espacios que se pretenden construir. Es decir, que los espacios deportivos se deben diseñar acorde con el uso que se va a hacer de ellos.
- Polivalencia de la instalación, que permita que simultánea o sucesivamente se puedan practicar distintas actividades en unas condiciones adecuadas de desarrollo.

- Posibilidad de adaptación a las necesidades cambiantes de sus potenciales usuarios. Que sea capaz de responder a las necesidades demandadas, pero también a los cambios que se produzcan.
- Funcionalidad respecto a la gestión.
- Facilidad de mantenimiento. Que contribuya a facilitar las tareas de limpieza y mantenimiento, así como la reducción de gastos de control y energéticos.
- Confortabilidad y estética agradable.
- Supresión de barreras arquitectónicas.

Uno de los principales problemas en este sentido, parece hallarse en la planificación estrictamente deportiva de la dotación a construir. Normalmente se han realizado nuevos espacios sin ningún estudio previo sobre la demanda de actividades y la propia oferta de instalaciones deportivas (Añó *et al.*, 1997; Gómez, 1994; Hunsaker, 1996; Ispizua, 1992; Martínez-Tur *et al.*, 1995; Pi, 1995; Serrano, 1992; Vázquez, 1998). Como resultado de ello, el proceso de planificación se desvirtúa por completo. La falta de conocimiento de la situación de partida, genera problemas de desadecuación entre la infraestructura deportiva creada y las características y demandas de sus usuarios potenciales, devaluándose así la funcionalidad y la rentabilidad de la inversión realizada.

Hay que prever las necesidades sobre nuevas instalaciones deportivas y seleccionar, mediante la segmentación oportuna de los usuarios las nuevas construcciones o remodelaciones. Según Viñeta y Rebolleda (1996), para optimizar los servicios que se pueden prestar en una instalación deportiva hay que hacer una planificación durante dos momentos diferentes en el tiempo:

- Antes del inicio de su construcción y durante el proceso edificatorio.
- Después de su inauguración y durante toda su vida útil.

Gallardo (2001) opina que la oferta de instalaciones deportivas responde, como sucede en cualquier otro sector de actividades, a la evolución que ha seguido la demanda de servicios y de la actividad deportiva en los municipios. La planificación de la construcción de las instalaciones deportivas atiende a la ordenación del territorio y a la regulación de su uso y está supeditada al planteamiento de ámbito estatal o autonómico en materia de ordenación del territorio. Esto implica que la planificación de instalaciones deportivas esté condicionada a los planes de ordenación urbanística y planes especiales de ámbito local

Nos encontramos ante un nuevo sistema deportivo, tremendamente diversificado en cuanto a practicantes, intereses perseguidos y actividades demandadas. Debido a ello, si se quiere seguir facilitando el acceso a la práctica deportiva y evitar el abandono, se van a requerir profundos cambios en la planificación y en la organización deportiva, con el fin de adaptar la oferta de servicios y la infraestructura deportiva a las nuevas necesidades de la población (Dorado, 2006; Durán, 1995; Martínez del Castillo, 1992; Rodríguez, 1997; Serrano, 1992; Tabuenca, 1994).

Ante el endeudamiento que muchos Ayuntamientos sufren como consecuencia de la falta de rentabilidad de sus políticas deportivas, éstos se ven en la necesidad de garantizar por una parte, unos servicios que estén al alcance de todos los ciudadanos, haciéndose por tanto necesaria una mejor administración de los recursos, y por otra, el hecho de consolidar políticas deportivas que, además de contención o recorte de gastos, dialoguen en términos de sostenibilidad económica y nivel de autofinanciación.

Gallardo (2006) apunta a dos, las claves actuales en la gestión y planificación de instalaciones deportivas. Por un lado, el *cambio en espacios deportivos*, ya que la tendencia es a realizar instalaciones deportivas fuera de los parámetros de competición. Ya que la instalación debe ser funcional y que abarque la mayoría de posibilidades deportivas y el mayor número de clientes. En el aumento de áreas de actividad y espacios singulares es el punto de reflexión ¿Qué tipología de espacios deportivos se necesitan en cada Municipio? ¿Cuántos m^2 de cada uno de estos? Y por otro lado, la gran revolución en la *incorporación del césped artificial* a las instalaciones deportivas (campos de fútbol, de pádel, de fútbol sala, campos de golf, etc.), hecho que afecta directamente a la gestión de la instalación. Esto ha supuesto una mayor rentabilidad y sostenibilidad (social, medio ambiental, económica, deportiva, etc.) para la propia instalación y organización deportiva (Burillo *et al.*, 2008).

3.5 El Censo Nacional de Instalaciones Deportivas

El mundo del deporte español se ha visto beneficiado desde el año 1986, en el que se realizó el I Censo, con el conocimiento bajo parámetros cuantitativos de sus espacios deportivos e instalaciones deportivas.

El artículo 8 de la Ley 10/1990, de 15 de octubre del Deporte, establece como competencia del Consejo Superior de Deportes, entre otras, la actualización permanente del Censo Nacional de Instalaciones Deportivas (CNID) en colaboración con las Comunidades Autonómicas, que tienen en su respectiva normativa la competencia de realizar el Censo o Inventario de Infraestructuras Deportivas. El CNID en España y sus Comunidades Autónomas está orientado a ser un instrumento de planificación y toma de decisiones en materia de instalaciones deportivas.

Los objetivos generales en los que se basa la recopilación de datos del CNID son los siguientes:

- Crear y mantener una base de datos actualizada de todas las instalaciones deportivas de España, así como de cada una de las Comunidades y Ciudades Autónomas, que permita evaluar su número y recoja sus principales características técnicas.
- Establecer una metodología homogénea que sea referente para la elaboración de los diferentes censos, según su ámbito.
- Establecer los mecanismos para la recogida, la actualización, el intercambio y la divulgación de la información.
- Efectuar con los datos obtenidos un análisis estadístico y de un estudio de las características y de la evolución del parque de equipamientos deportivos en España. Con el estudio resultante se realizará un estudio, análisis y publicación de los datos.

Por otra parte, y de forma más concreta, la confección del CNID-2005, obedecía también a otros objetivos específicos:

- ■ Registrar las características principales de todas las instalaciones deportivas de uso colectivo existentes en la totalidad de las Provincias y Municipios que integran los territorios de las Comunidades Autónomas y de las Ciudades Autónomas de Ceuta y Melilla a fecha de diciembre de 2005.

- Localizar las nuevas instalaciones y espacios deportivos en España.
- Actualizar la base de datos que se han realizado con anterioridad, en los Censos de los años 1986 y 1997.
- Analizar los datos censados y conocer el grado de desarrollo de las instalaciones deportivas existentes en las Comunidades Autónomas y las Ciudades Autónomas de Ceuta y Melilla.
- Identificar los factores que posicionan a las Comunidades Autónomas y Municipios en función del número y tipo de instalaciones deportivas.
- Contribuir a la mejora de las políticas de I+D+i, con el desarrollo tecnológico y actualización del Censo Nacional de Instalaciones Deportivas.

3.5.1 Evolución del Censo Nacional de Instalaciones Deportivas

Actualmente, a la hora de diseñar una instalación, se tiene muy en cuenta las posibilidades de integración de un mayor número de espacios deportivos en la instalación para poder satisfacer la demanda de diferentes grupos de usuarios y las exigencias de práctica de diferentes modalidades deportivas. Por otra parte, como se observa en capítulos anteriores, se viene observando en los últimos años un cambio en la dinámica de la práctica deportiva, con un incremento de demanda de nuevas prácticas y especialmente de modalidades que se desarrollan en el entorno natural.

Es en el año 1986 cuando se realiza el I Censo Nacional de Instalaciones Deportivas (CENID, 1986), existiendo 99.775 espacios deportivos en el país, aunque el número total de instalaciones deportivas era de 48.723. Posteriormente, después de un lapso de doce años, se necesitaba una actualización de los datos y un nuevo trabajo de campo que permitiese profundizar en la evolución experimentada en la sociedad española. Así, el Consejo Superior de Deportes realizó en 1997 el siguiente CNID, esta vez en coordinación con las distintas Comunidades Autónomas, dando lugar al II Censo Nacional de Instalaciones Deportivas (Martínez del Castillo, 1998). Este Censo fue editado en 1998, aunque el trabajo de campo fue realizado entre octubre de 1996 y abril de 1997. Por entonces, existían 154.824 espacios deportivos en el país, lo que indica un aumento del 35,55% respecto al anterior CNID, y un número total de instalaciones deportivas es de 66.670 (26,91% de aumento respecto a 1986).

Según el Manual del Agente Censal del CNID-2005 (CSD, 2005), el Censo abarca las instalaciones deportivas situadas en todos los Municipios de las 17 Comunidades Autónomas españolas y las 2 Ciudades Autónomas de Ceuta y Melilla. Está estructurado por Comunidades Autónomas, Provincias, Comarcas, Municipios, Distritos Municipales y Núcleos de Población.

En este tercer trabajo de 2005 (Gallardo, 2007) se censan un total de 79.059 instalaciones deportivas y 176.201 espacios deportivos. En la Tabla 3.II se observa la evolución entre los censos de 1997 y 2005, y los datos totales del CNID-2005 por Comunidades y Ciudades Autónomas.

Tabla 3.II. Evolución del Censo Nacional de Instalaciones Deportivas de 2005 respecto al anterior Censo de 1997 (Gallardo, 2007)

CCAA	Instalaciones Deportivas	Espacios Deportivos			Espacios Complementarios	Incremento Instalaciones Deportivas	Incremento Espacios Deportivos
		Convencionales	Singulares	Áreas de Actividad			
Aragón	3.313	6.922	494	218	6.596	35,50%	24,70%
Asturias	1.896	2.989	475	466	2.763	11,53%	20,92%
Baleares	3.579	7.544	733	297	3.960	5,26%	5,79%
Canarias	4.313	8.700	875	261	6.686	10,28%	12,79%
Cantabria	1.471	1.904	652	40	1.208	8,16%	4,09%
Castilla - La Mancha	4.518	7.724	346	466	6.627	18,30%	17,04%
Castilla León	7.933	12.842	1.029	230	5.513	20,14%	23,68%
Ceuta	97	162	13	9	70	24,36%	8,24%
Extremadura	2.419	4.339	206	240	4.004	23,29%	24,19%
Galicia	5.216	9.141	473	229	9.491	10,00%	12,56%
La Rioja	722	1.527	83	34	1.042	11,25%	7,03%
Madrid	6.524	15.528	659	157	4.377	25,29%	6,63%
Melilla	96	210	21	4	101	21,52%	2,62%
Murcia	1.615	3.528	184	36	2.380	9,34%	3,85%
País Vasco	3.218	7.139	814	128	3.838	5,23%	1,75%
Valencia	5.474	14.472	353	129	8.564	24,24%	20,27%
Andalucía	12.831	24.815	843	733	16.497	32,70%	21,34%
Cataluña	12.478	28.324	1.657	1.579	21.970	19,10%	8,14%
Navarra	1.346	2.977	190	56	1.716	7,17%	9,78%
ESPAÑA	79.059	176.201	8.443	3.733	85.433	19,28%	14.87%

Del mismo modo, la Tabla 3.III observa la evolución tanto en la construcción de instalaciones deportivas, así como también el incremento porcentual que ha supuesto en cada uno de los períodos desde el primer censo.

Tabla 3.III. Evolución en términos absolutos y relativos de instalaciones deportivas en España desde el año 1986 (Gallardo, 2007)

Censo	Nº instalaciones deportivas		Nº espacios deportivos	
1986	48.723	0%	99.775	0%
1997	66.670	+ 26,91%	154.824	+ 35,55%
2005	79.059	+ 15,67%	176.461	+ 12,26%
Total desde 1986	+ 30.336	+ 38,37%	+ 76.686	+ 43,45%

Delgado (1995), clasificó los periodos de construcción de equipamientos deportivos en España en función de los datos facilitados por el primer CNID de 1986 de la siguiente manera:

- Antes de 1940 no existe apenas construcción de las instalaciones deportivas, con un 3,8%.
- Entre 1940 y 1970 hay un periodo de construcción de instalaciones deportivas muy lento hasta alcanzar un 20,1%.
- Entre 1970 y 1975 se produce un aumento casi similar a los treinta años anteriores, llegando a un 37,3%.
- Entre 1975 y 1980 el nivel de construcción es similar al periodo anterior, llegando hasta un 59,7%.
- Entre 1980 y 1985 el ritmo de construcción fue aumentando hasta llegar a alcanzar un 100% del Censo de instalaciones deportivas del Censo de 1986.

3.5.2 Concepción del Censo Nacional de Instalaciones Deportivas

El CNID-2005 (Gallardo, 2007) pone de manifiesto el cambio en la cultura de las nuevas construcciones en instalaciones deportivas, originado por el cambio de las actividades físicas, ello conlleva la aparición de nuevos espacios deportivos y por tanto nuevos parámetros de análisis que ayudan a las Administraciones públicas a conocer el estado de la situación. Este modelo de Censo, se concibe como una referencia en la planificación de instalaciones deportivas. Esta definición, permite conocer las estrategias de las Comunidades Autónomas y su variación en esta materia.

El cometido principal del CNID es contabilizar las instalaciones deportivas tanto públicas como privadas, de uso colectivo. La unidad básica territorial es el municipio y la unidad censal básica es la instalación deportiva. El propio Manual del Agente Censal especifica lo siguiente:

> "*Se censarán las instalaciones deportivas de todo tipo, siempre que sean de uso colectivo, y se haya construido o realizado alguna actuación de adaptación para permitir la práctica físico-deportiva de manera permanente o que sea un lugar de general reconocimiento para el desarrollo de estas prácticas, quedando por tanto excluidas las de uso propio de una unidad familiar y aquellos espacios potenciales de práctica que no cumplen estos requisitos. También quedan expresamente excluidas del ámbito del censo las instalaciones que no tienen un carácter permanente, es decir las adaptaciones temporales y efímeras, y aquellas que pertenecen a equipamientos asistenciales u hospitalarios destinado exclusivamente a rehabilitación o fisioterapia.*" (CSD, 2005; p.8)

Como se muestra en apartados anteriores, las instalaciones deportivas se componen de espacios deportivos, donde se desarrolla la actividad físico-deportiva. Aparte de espacios deportivos, las instalaciones pueden disponer espacios complementarios (que apoyan a la actividad deportiva), así como de servicios auxiliares, no relacionados directamente con los espacios deportivos.

Por tanto, el número de instalaciones deportivas difiere del número de espacios deportivos (79.059 instalaciones frente a los 176.201 espacios), debido a que ciertas instalaciones cuentan con 1 solo espacio deportivo mientras que otras cuentan con varios espacios deportivos. Por citar algunos ejemplos del CNID-2005, existen en España: 27.888 pistas polideportivas, 1.792 piscinas cubiertas; 3.980 áreas de actividad terrestre, etc.

En el análisis de los datos del CNID-2005, dentro de los 176.201 espacios deportivos que existen, la inmensa mayoría de estos espacios deportivos, concretamente

160.789, son convencionales, el 91,25% de los espacios deportivos censados. Otros 10.100 (5,73%), son espacios deportivos singulares, mientras que las áreas de actividad censadas son 5.312, esto es, el 3,01% de la oferta.

También hay que destacar los 107.549 espacios complementarios, de los cuales 106.555 son espacios complementarios generales (referidos a cualquier actividad deportiva) y 994 son espacios complementarios específicos (únicos espacios físicos construidos en las áreas de actividad).

En el diseño y trabajo de campo del CNID-2005, se utilizaron dos instrumentos; Manual del Agente Censal y un Cuestionario, que convienen ser referenciados.

A) Manual del Agente Censal

El Manual del Agente Censal (publicado por el CSD en el 2005), fue diseñado por la comisión de expertos y contiene los objetivos, carasterísticas de la investigación, de la organización, tareas, instrucciones generales y especificas que debe tener el agente censal durante el desarrollo de sus funciones (realización del trabajo de campo). Asimismo, este manual sirve de consulta para la ejecuciuón de las accciones. En el manual se recoge una explicación muy exhaustiva sobre las diferentes clasificaciones de los espacios deportivos y las diferentes topologías de instalaciones deportivas.

B) Cuestionario

El cuestionario fue el instrumento empleado para la recogida de datos y se confeccionó con el objeto de obtener toda la información necesaria para la realización del estudio. El cuestionario está compuesto por 5 apartados con preguntas cerradas, donde se introduce la información, que después ha sido analizada en este proyecto de investigación:

a) Atributos generales de la instalación deportiva (nombre de la instalación, coordenadas, situación, accesibilidad, servicios auxiliares, etc.)
b) Espacios deportivos convencionales, espacios deportivos singulares y áreas de actividad (tipos de espacios, superficie, altura, etc.)

c) Atributos generales de los espacios deportivos (cerramiento, estado de uso, pavimento, actividades, etc.)
d) Atributos generales de los espacios complementarios (vestuarios, aseos públicos, almacén deportivo, gradas)
e) Espacios complementarios específicos, características de algunas instalaciones (remontes, zona de varada de playa, caballerizas, puerto e instalaciones náuticas, refugios de montaña, palomar, etc.)

Del mismo modo, se puede acceder a los datos recopilados en el CNID-2005 desde la dirección www.csd.gob.es, siendo utilizada esta herramienta tecnológica para la actualización y consulta de todas las instalaciones deportivas de España. La difusión, dinamización y actualización de esta aplicación tecnológica del Censo, será la notable incidencia que ayude a transformar el proceso de planificación de la infraestructura deportiva en España (Gallardo, 2007). De igual modo, otros países, podrán beneficiarse de este modelo, puesto que es prácticamente inexistente en sus diseños de políticas deportivas.

3.6 Calidad y sostenibilidad de la infraestructura deportiva

El futuro se mueve entorno al deporte sostenible y de calidad. Es responsabilidad de toda administración pública esta optimización hacia valores de excelencia. La gestión de las instalaciones deportivas en base a criterios de calidad supone una opción que permite que las organizaciones prestadoras evolucionen con arreglo a las nuevas perspectivas de los usuarios. La calidad se ha convertido en un factor determinante para el logro de resultados y el éxito en las organizaciones.

Las primeras investigaciones sobre calidad se centraron en la propia naturaleza de los servicios: en ellas se intentan proporcionar modelos conceptuales de calidad, analizando qué es y cómo puede medirse (Dorado, 2006). Poco a poco esas investigaciones van evolucionando hacia modelos más complejos en los que lo principal es únicamente la conceptualización y medición de la calidad del servicio, sino también analizar cómo se relaciona con la satisfacción de los usuarios y sus intenciones futuras de comportamiento hasta llegar a modelos mucho más complejos para analizar su fidelidad (Barroso, 2000).

Una evolución similar se ha producido en las organizaciones deportivas en las que en un primer momento se fomenta y promociona la actividad deportiva, hasta generar elevados niveles de práctica. El mantenimiento y aumento de los mismos exigen cada vez una mayor calidad en la prestación del servicio y de las instalaciones en las que se practica. La estrecha relación entre la calidad percibida y la satisfacción de los usuarios ha provocado que se estén convirtiendo en la actualidad en uno de los centros de atención para la inmensa mayoría organizaciones deportivas. En esta línea Cortina (1999), considera que el usuario se decide por aquel bien material o servicio que es capaz de ofrecerle mejores resultados, lo que provoca que las organizaciones se esfuercen por conseguir los mayores niveles posibles de calidad y de satisfacción.

Los nuevos estadios y grandes instalaciones se diseñan siguiendo conceptos diferentes: buscando aumentar las posibilidades de oferta de otras actividades, mejorando las condiciones internas de sus prestaciones, no siendo tan vinculante el número de espectadores como la calidad de su visión y estancia durante la competición... Y relacionando estas construcciones con otras áreas de actividad, comercial, residencial, rotacional, etc., a efectos de aprovechar las sinergias que esta diversidad de usos pueden y deben generar.

La arquitectura tiene mucho que aportar en este aspecto, pues de un buen diseño, y de la incorporación de las nuevas tecnologías constructivas, así como las relacionadas con sus instalaciones, dependen también en su alto porcentaje su viabilidad futura. De aquí que cada vez se haga más necesaria la incorporación a estos proyectos de arquitectos y otros técnicos especialistas en esta materia, que mediante la aportación de sus conocimientos y experiencias hagan propuestas, sin menoscabo de su calidad estética, que respondan a estos criterios de sostenibilidad, funcionalidad y economía.

3.6.1 El concepto de calidad y su evolución en el ámbito deportivo

Si analizamos la evolución del concepto calidad, vemos que ha tenido su origen en los bienes tangibles y materiales. Según Crosby (1979), los industriales entendían la calidad como la conformidad a unas especificaciones y estándares. En estos primeros momentos el término se entiende como el grado en el que un producto cumplía unas especificaciones establecidas. De modo que cuando el producto no cumplía los estándares establecidos se indicaba que existían defectos y que su calidad era perjudicada.

Tal como asevera Barroso (2000), el concepto de calidad se va desplazando hacia el usuario o cliente, pasando a ser el elemento clave la valoración que éste realiza sobre el servicio ofrecido. El cliente es el que determina finalmente, mediante su satisfacción, la medida de calidad percibida de lo ofrecido. Por tanto, el diseño, comodidad, confort, higiene, seguridad, etc., son parámetros que deben ser cuidados en las instalaciones deportivas, junto con el servicio ofertado, para la retención de los clientes en el tiempo.

Según Parasuraman *et al.* (1985), el concepto de calidad es un término bastante indefinido y que ha sido interpretado de diferentes formas a lo largo del tiempo. Los conceptos que surgieron desde los inicios varían en función de si nos referimos al *control de la calidad*, que se refiere a la primera época y se centra en la verificación de los requisitos relativos de un producto o servicio; al *aseguramiento de la calidad*, relativo a los procedimientos, normas y preceptos que establecen las normas ISO; o a *la Calidad Total y mejora continua*, donde se considera la calidad como una estrategia en la gestión de una organización que se orienta a la satisfacción permanente de las expectativas y necesidades de los clientes, tanto internos como externos, con una filosofía de realizar el trabajo siempre bien y a la primera como principal finalidad.

Montgomery (1991) realiza una definición ajustada a la realidad actual, al afirmar que la calidad es el grado en que los productos o servicios cumplen con las exigencias de la gente que los utiliza. Este autor hace una distinción entre dos tipos de calidad: calidad de diseño y calidad de conformidad. La calidad de diseño está referida al grado en que un servicio posee las características en las que se pensó para llevarlo a cabo. La calidad de conformidad refleja el grado en que el servicio está de acuerdo con la intención prevista para su desarrollo.

El cliente del servicio deportivo ha modificado su comportamiento de forma paralela al movimiento deportivo. Así, en los primeros años los practicantes de la actividad física y el deporte quedaban satisfechos simplemente con disponer de un espacio donde practicar su deporte favorito, en unas condiciones que hoy se podrían considerar como básicas y en algunos casos, inaceptables. Pero actualmente se exigen unos parámetros determinados de calidad para que esta práctica sea satisfactoria (variedad de instalaciones, limpieza, profesionalidad de los recursos humanos, seguridad y confort en las instalaciones, etc.).

Los cambios en el comportamiento del "consumidor deportivo" han supuesto que las organizaciones deportivas encargadas de prestar servicios deban adaptarse y adecuarse a las necesidades y a la evolución, dando las respuestas oportunas para satisfacer las demandas del sector. En estos momentos es imprescindible en toda organización deportiva que desee regirse por estándares de excelencia, un estudio de necesidades de demandas para poder dar respuesta a los clientes de estas organizaciones. No se pueden lograr resultados sin una planificación estratégica que incluya, tanto los parámetros de organización como los de calidad, sostenibilidad y liderazgo.

3.6.2 Sistemas de calidad aplicados en las instalaciones deportivas

La gestión por la calidad se basa en: factores de planificación para detectar las necesidades; el desarrollo de la gestión planificada, en la que se hacen operativos los procedimientos; el control, en el que se evalúa el desarrollo de esta gestión sobre la calidad, como los recursos económicos, humanos y materiales (instalaciones deportivas) con la intención de volver a planificar y mejorar.

Posiblemente existan aspectos relacionados con una gestión específica del mundo del deporte; sin embargo, "la calidad" no tiene opciones: se apuesta por ella y se incorpora a la gestión o no se hace (Senlle *et al.*, 2004) (Figura 3.11.).

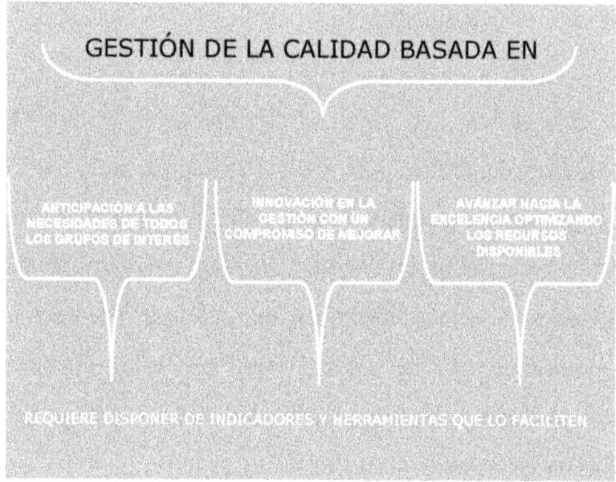

Figura 3.11. Aspectos a tener en cuenta en la gestión de la calidad (Gallardo, 2005)

La calidad está alrededor de toda instalación deportiva. Podemos definir dos posibilidades: aplicar la calidad en el producto que es la instalación deportiva y aplicar la calidad en el servicio que ofrecemos dentro de la instalación deportiva. Los conceptos sobre calidad son muchos por lo que referente a las dos posibilidades anteriores; dentro de la instalación deportiva sería "la adecuación al uso" y referente al servicio "es aquello que cubre las expectativas del cliente"

Al igual que la gestión de servicios deportivos para los usuarios, sin contar con estos ni con los trabajadores, dificulta la planificación y la anticipación en el tiempo, lo mismo ocurre en el diseño, planificación y construcción de instalaciones deportivas. Las intervenciones de los técnicos y asesores deportivos son escasas en el proceso de redacción del proyecto arquitectónico, por lo que suscitan numerosos problemas a la hora de poner en uso y mantener la infraestructura.

Implantar un sistema de calidad en la organización, y de forma específica en las instalaciones deportivas, parte de la decisión de la alta dirección, quienes deciden el futuro de la organización deportiva. Los políticos y los gestores deben llevar la iniciativa y para ello deberán estar debidamente formados. Ésta debe ser la apuesta y el compromiso de trabajo de las organizaciones que quieran ser competitivas y que busquen una proyección de futuro, y un aumento de la práctica deportiva de su población. Para lograr una gestión basada en la calidad es necesaria la participación y compromiso de toda la organización. La responsabilidad con un sistema de gestión requiere una acción permanente y sostenida, y es por lo que se necesita que se impliquen todos y cada uno de los miembros de la organización.

Cualquier organización deportiva, tanto pública como privada, debe definir su modelo de gestión basándolo en la calidad. Dorado y Gallardo (2005) piensan que debe ser la apuesta y el compromiso de trabajo de las organizaciones que quieran ser competitivas y que busquen una proyección de futuro.

Las tendencias en la gestión se rigen por el comportamiento de los clientes, por lo que cada organización deberá adaptarse a ellos. La definición de los planes de negocio parte de una premisa básica: la necesidad de lograr una calidad total en los productos y servicios que se ofrecen y conseguir que los clientes los valoren positivamente. En el intento por desarrollar una gestión eficaz para buscar soluciones y resolver problemas nos encontramos con que no existe "un modelo único para el éxito". Existe una gama amplia de posibles opciones y sistemas para desarrollar los procesos organizativos y la gestión de instalaciones deportivas, así como para mejorar las relaciones que se dan en estos espacios.

Se distinguen numerosos modelos de de implantación de sistemas de calidad: Normas ISO, Modelo EFQM, Total Quality Management o Calidad Total, Modelo Deming, Malcom Baldrige,... Siguiendo a Senlle *et al.*, (2004), consideran que para las organizaciones deportivas experimentadas en temas de gestión y formación, adoptar el modelo EFQM, puede ser un buen sistema para iniciar un proceso de mejora continua en el camino hacia la excelencia. Sin embargo, para otras organizaciones que no cuenten con un sistema de gestión maduro en la fijación y seguimiento de objetivos, sin una misión definida, sin un plan de formación, sin una estrategia de desarrollo o sin directivos profesionales, es más aconsejable comenzar por la norma ISO 9001, como guía de trabajo para su gestión. Debido a que las organizaciones deportivas se les exigen cumplir las obligaciones sobre aspectos medioambientales, la familia de normas ISO presenta la posibilidad de emplear un sistema de gestión compuesto por las normas ISO 9000 y la norma ISO 14001.

Dentro de la instalación deportiva tenemos los espacios deportivos y los equipamientos. La seguridad y calidad de los materiales es incuestionable. Las organizaciones deportivas deben facilitar el acceso a una práctica deportiva segura. El pavimento deportivo de un espacio es lo más importante dentro del equipamiento. La calidad técnica es uno de los indicadores principales a tener en cuenta en la elección de un pavimento. Pero se tiene que buscar el equilibrio entre los factores: técnico, social y económico. El buen estado del pavimento deportivo y la adecuada elección del material para la actividad física que se desarrolla en ese espacio, es primordial para minimizar el riesgo de lesiones deportivas (Figura 3.12.).

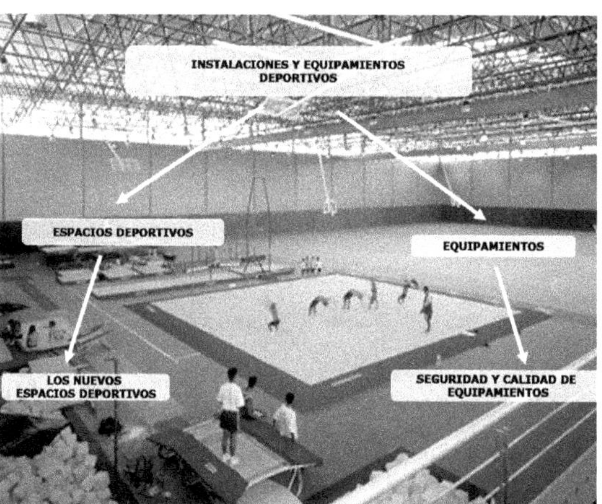

Figura 3.12. Seguridad en los nuevos espacios deportivos (Gallardo, 2005)

La investigación pone de manifiesto la problemática de la última década sobre el auge de la construcción en instalaciones deportivas, la escasa funcionalidad del equipamiento deportivo, y las bajas garantías de seguridad que atendiendo a las normas técnicas del Comité Europeo de Normalización, demandan un inminente plan de actuación orientado a mejorar la calidad del equipamiento que se instala. De modo que es importante a valorar el cambio en las tipologías de espacios deportivos y la seguridad y calidad en los equipamientos (canastas, césped, etc.), debido a que el cambio de las actividades físicas conlleva al cambio del diseño del espacio deportivo.

Crear valor añadido en las instalaciones deportivas y sus servicios prestados ofreciendo parámetros de calidad de manera sostenible, son elementos fundamentales en un entorno competitivo para el logro de la fidelización de los clientes y su posterior retención en la organización. La transformación de la organización hacia la mejora continua la deben hacer sus trabajadores, que es el principal activo con el que cuentan. En la actualidad los servicios de muchas organizaciones son similares, y son las instalaciones deportivas y sus empleados los que establecen las diferencias.

3.6.3 Sostenibilidad y certificación medioambiental en las instalaciones deportivas

El avance en el conocimiento de nuevas tecnologías que ha provocado una industrialización y tecnificación que, a su vez, ha derivado en problemas de carácter global, de dimensión mundial y con importantes consecuencias, tales como el calentamiento global de la Tierra, la pérdida mundial de biodiversidad y diversidad cultural, el agujero de la capa de ozono, la contaminación transfronteriza de aire, ríos y mares, la desertificación, el agotamiento de los recursos, etc. Dichos aspectos ambientales, están provocando problemas cuyos efectos hoy en día son ya visibles y palpables.

Una de las principales características de dichos problemas es que su generación se produce por el cúmulo de impactos locales que, por sí mismos, pueden no parecer significativos pero que la suma de todos ellos provoca el problema global. Esto a su vez conlleva que los agentes implicados en la generación de dichos impactos, dada su visión local, no observen las reales consecuencias globales de sus acciones. Por ello, la dificultad viene determinada porque los planteamientos deben ser entendidos globalmente, pero las actuaciones concretas deben desarrollarse en los lugares concretos en donde acontecen los principales impactos (Principio mundialmente conocido como "*piensa globalmente, actúa localmente*").

LAS INSTALACIONES DEPORTIVAS

Históricamente el deporte siempre ha estado íntimamente ligado al medio natural, debido a que su práctica se ha realizado tradicionalmente en entornos naturales. Poco a poco, con el desarrollo de las propias sociedades, algunas prácticas deportivas, a través de la construcción de instalaciones específicas (pabellones, piscinas, estadios, pistas, etc.), se han hecho independientes, en mayor o menor medida, de las condiciones e inclemencias naturales. Esta es una de las causas que ha permitido el amplio desarrollo del deporte, ya que ha hecho posible que la misma práctica deportiva pueda desarrollarse en distintos lugares del mundo independientemente de sus condiciones naturales y climatológicas. Del mismo modo, esto ha homogeneizado los escenarios de las distintas pruebas, pudiéndose establecer las mismas condiciones de celebración en distintos puntos.

Generalmente el deporte no suele causar impactos significativos aunque, como toda actividad humana, genera una serie de afecciones en el medio que le rodea y provoca unos determinados impactos que, si se consideran en la planificación de eventos deportivos o en la gestión de instalaciones, y se aplican medidas, pueden verse considerablemente minimizados y cumplir, de este modo, con los principios básicos del desarrollo sostenible (Green Cost España, 2007).

En este sentido, toda instalación deportiva, ya sea de grandes dimensiones como un estadio olímpico, o pequeñas pistas deportivas de carácter municipal, pasando por pabellones deportivos, poseen una gestión que, en mayor o menor medida, conlleva el uso de materiales, el consumo de agua y energía, a veces importante, además de la generación de residuos y vertidos que pueden ser minimizados. Asimismo el diseño de dichas instalaciones, el estudio del entorno donde se ubican y el proceso de construcción y, si procede, su desmantelamiento son otras etapas que generan impactos que pueden ser abordados.

Existen diversos impactos negativos que pueden darse en las instalaciones deportivas. La escala y gravedad de los impactos depende del tipo de deporte y de la envergadura del evento. Se deben tener en cuenta los siguientes tipos de impactos medioambientales causados en la infraestructura deportiva (COI, 2005):

a) Impactos a corto plazo

Los impactos a corto plazo son aquellos que tienen lugar durante una actividad; por ejemplo, el ruido o la contaminación atmosférica causados por un evento específico.

b) Impactos a largo plazo

Los impactos a largo plazo pueden deberse a instalaciones o infraestructuras permanentes. El deterioro del subsuelo (por contaminación a largo plazo o compactación) también es una forma de impacto a largo plazo.

c) Impactos directos

Los impactos directos tienen como causa las instalaciones y personas directamente involucradas en las mismas.

d) Impactos indirectos

Los impactos indirectos tiene como causa las nuevas infraestructuras construidas que no se hayan directamente relacionadas con la propia actividad deportiva (por ejemplo, nuevas carreteras, puentes, etc.).

El cumplimiento de los requisitos legales ambientales, la mejora continua del comportamiento medioambiental y la prevención de la contaminación son los tres pilares básicos de cualquier sistema de gestión ambiental. Adquirir y garantizar el cumplimiento de estos compromisos, supone habitualmente un cambio paulatino de actitud. Las mejoras pueden enfocarse hacia las propias instalaciones de la organización, a las prácticas y hábitos de trabajo establecidos, a los colaboradores habituales y al nivel de control interno, entre otras posibilidades.

Además, el análisis periódico de los resultados obtenidos y de las mejoras alcanzadas, suele tener como consecuencia la consideración de la gestión ambiental como una contribución positiva para la mejora general de los resultados de la organización. Estos compromisos deberán darse a conocer a todos los colaboradores de la organización y estarán a disposición del público.

La difusión de la política es el primer elemento de sensibilización ambiental al manifestar el apoyo y la importancia que la alta dirección otorga a la mejora del comportamiento ambiental.

La Norma UNE-EN ISO 14.001:2004 o el Reglamento Europeo EMAS, son un conjunto de requisitos que ayudan a establecer y mantener un adecuado comportamiento ambiental en las organizaciones en las que se implantan, cualquiera que sea su actividad o ubicación. Este sistema es compatibles con todas las actividades y sectores siendo posible su implantación en: Complejos deportivos, educación, arquitectura e ingeniería, administración pública, asociaciones, medios de comunicación...

Se trata en todos los casos, de establecer una metodología de gestión adaptada a las características de cada organización y sector de actividad, que favorezca la mejora continua del comportamiento ambiental. La metodología propuesta está ampliamente difundida a nivel internacional y europeo y favorece el intercambio de comunicación y un enfoque común a los esfuerzos de mejorar el comportamiento ambiental global.

3.7 La seguridad y accesibilidad en las instalaciones deportivas

Existe un extenso marco normativo que define la necesidad de que todo edificio o instalación pública cumpla con unos criterios básicos de accesibilidad y seguridad. El hecho de que las instalaciones deportivas sean accesibles, lleva implícito que se realice bajo unos parámetros de seguridad que en ocasiones pueden incluso solaparse con criterios propios de seguridad y propios de accesibilidad, ya que en ciertos casos están estrechamente relacionados.

El 13 de Diciembre de 2006, La Asamblea General de Naciones Unidas (ONU), adoptó por consenso la Convención de Derechos de Personas con Discapacidad, en el artículo 9 de este documento se puede leer el siguiente párrafo, con el que queda patente la importancia de desarrollar las condiciones necesarias que permitan una correcta accesibilidad en los diferentes ámbitos posibles:

> *"... los Estados Partes adoptarán medidas pertinentes para asegurar el acceso de las personas con discapacidad, en igualdad de condiciones con las demás, el entorno físico, el transporte, la información y las comunicaciones, incluidos los sistemas y las tecnologías de la información y las comunicaciones y a otros servicios e instalaciones abiertos al público o de uso público, tanto en zonas urbanas como rurales".*

La seguridad de una instalación está igualmente relacionada con la correcta funcionalidad de los equipamientos y materiales. Además, si en algo se caracteriza la accesibilidad es en buscar la funcionalidad para cualquier tipo de practicante o usuario de una instalación. La funcionalidad en este sentido es un nexo de unión entre accesibilidad y seguridad (Figura 3.13.).

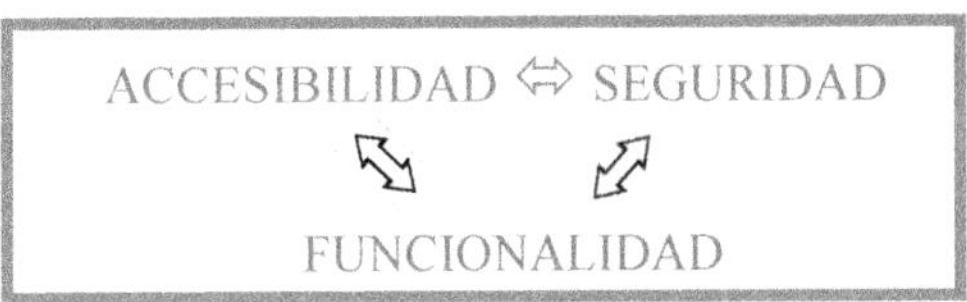

Figura 3.13.Factores dependientes de la Funcionalidad.

Cualesquiera que sean las características, estrategias y procedimientos de seguridad en situaciones específicas, el objetivo debe ser siempre el mismo: Garantizar permanentemente la seguridad de todos, con independencia de la edad, discapacidad o movilidad reducida.

El Consejo Escolar del Estado (2000) en su memoria *Informe sobre el estado y situación del sistema educativo,* aclara que: "*El ámbito relacionado con las condiciones de seguridad en los centros debe ser contemplado desde un enfoque amplio que incluya no sólo los extremos relacionados con las condiciones materiales de las edificaciones escolares, sino todos aquellos aspectos que de alguna manera pueden tener una repercusión directa o indirecta en la seguridad de todas aquellas personas que desarrollan sus actividades en los centros*" (p. 51).

De tal forma que las barreras arquitectónicas y/o materiales, pueden resultar problemas de considerable gravedad en el caso de que haya que realizar una evacuación. En este caso los principales parámetros que han de considerarse referente a la seguridad y la accesibilidad de las instalaciones deportivas son: los pavimentos deportivos, el material deportivo (móvil o fijo), las paredes y puertas, la iluminación, los sistemas contra incendios, etc.

Las instalaciones deportivas deben evitar cualquier tipo de barrera que suponga un impedimento para la correcta utilización de esa instalación. De esta manera se consigue que cualquier persona, independientemente de su posible discapacidad física, sensorial y/o psíquica, tanto indefinida como temporalmente, puedan acceder a la actividad física como medio para mantener y mejorar su estado de salud.

3.8 El agua como principal protagonista de las instalaciones deportivas y de la actividad física actual

De cara a promocionar la actividad física en cada país, se han de tener en cuenta las actividades que resultan más populares para la población, así como la existencia de un adecuado ambiente que propicie la adherencia al ejercicio físico (Vaz de Almeida *et al.*, 1999).

Concretamente, la natación recreativa es una de las cinco actividades físico-deportivas más practicadas por la población de todo el mundo (García Ferrando, 2006; U.S. Bureau of the Census, 1995; Vaz de Almeida *et al.*, 1999). La natación es considerada generalmente una actividad de ocio para jóvenes y mayores, e incluso es aconsejada como el deporte más apropiado para niños con distintas enfermedades como, por ejemplo, el asma (Nemery *et al.*, 2002).

3.8.1 Las actividades acuáticas de la población

En España, la natación recreativa ocupa un importante lugar entre los hábitos físico-deportivos de la población, circunstancia que ha sido corroborada por diversas investigaciones (García Ferrando y Mestre, 2002; Giralt y López-Jurado, 1999; Rodríguez *et al.*, 2005). Además, se ha de considerar que en todas estas investigaciones se escapan, por motivos metodológicos, los niveles de práctica en la población menor de 14 años, los cuales redundarían con bastante certeza en un incremento muy notable del número total de personas que practican la natación recreativa (Hallal *et al.*, 2006; Mattocks *et al.*, 2007).

Del mismo modo, en Europa, en la natación recreativa predomina la participación femenina sobre la masculina, con elevados porcentajes de adultos (seniors) entre sus practicantes, así como de personas con niveles sociales medios-bajos (Moreno, 1997; Rodríguez, 2001; Vázquez, 1993; Vaz de Almeida *et al.*, 1999). Por tanto, el perfil sociodemográfico de las personas que practican la natación recreativa difiere considerablemente del perfil modal que se da en la mayoría de las actividades físico-deportivas (hombres, jóvenes y de clase social media o alta).

Entre las actividades que desearía realizar la población en un futuro próximo, distintos estudios coinciden al indicar que la natación recreativa es la práctica más deseada por la población (Baranda, 1995; García Ferrando, 2006; Rodríguez *et al.*, 2005). El posicionamiento de la natación recreativa como una de las prácticas deportivas más populares en España, puede haberse visto favorecido en buena medida por un progresivo incremento de la oferta de piscinas cubiertas (García Ferrando, 2006), permitiendo la práctica regular de esta actividad a la largo del todo el año con independencia de la climatología.

3.8.2 Las instalaciones acuáticas

La piscina cubierta es una de las instalaciones deportivas más populares (Trianti-Stourna *et al.*, 1998) y, además, es también la instalación que presenta una mayor intensidad de uso (García Ferrando, 2006; Giralt y López-Jurado, 2001). Como se ha comentado anteriormente, diferentes estudios han relacionado la actividad física, con la demanda de espacios que tienen interés para la población (Ball *et al.*, 2001; Browson *et al.*, 2001; Diez-Roux *et al.*, 2000; Ecob y Macintyre, 2000; Giles-Corti y Donovan, 2002; Macintyre y Ellaway, 1998; Parks *et al.*, 2003; Takano *et al.*, 2002; Van Lenthe *et al.*, 2005). También conviene aclarar que en las zonas donde no se invierta en espacios de salud y dedicados al bienestar social, éstas pronostican un pobre desarrollo y mantenimiento de la salud entre su población (Pascual *et al.*, 2007).

En España, la oferta de piscinas cubiertas a finales de los años noventa (Martínez del Castillo, 1998), resultaba insuficiente para atender la elevada demanda que tenía la natación recreativa. Además, la desigual distribución de la oferta de piscinas cubiertas entre las distintas Comunidades Autónoma españolas, condicionaba en diferente medida la capacidad de éstas para responder a dicha demanda.

Más recientemente, de los datos proporcionados por el CNID-2005 se desprende que en España existen 31.686 vasos de piscina. De ellos, sólo 2.751 (8,68%) están en recintos cerrados, lo que representa una oferta de un vaso cubierto por cada 16.251 habitantes y una lámina total de agua cubierta de 620.410 m^2. Es cierto que aún no se puede hablar de una amplia oferta de vasos cubiertos; sin embargo, desde el año 1997 su número ha pasado de 901 a los 2.751 actuales, es decir, se ha producido un incremento del 305% (Gallardo, 2007). Las Comunidades Autónomas con mayor número de vasos cubiertos son Cataluña, con 603, Andalucía con 375 y Baleares con 304. Estas tres regiones representan el 46,6% de los vasos cubiertos del país.

Pues bien, teniendo en cuenta todo lo expuesto, el análisis de las principales características de la oferta de piscinas cubiertas en las distintas autonomías, permitiría conocer el esfuerzo inversor realizado por dichas regiones, tanto por entidades públicas como privadas, para promover la actividad física entre sus habitantes y, en consecuencia, para ofrecer un entorno social más saludable. En este sentido, ya ha sido indicado que la piscina cubierta, en comparación con otros tipos de instalaciones, cuenta entre sus usuarios con una elevada presencia de personas adultas y mayores, de mujeres y de sujetos de clase social media y baja que practican habitualmente la natación recreativa. Precisamente, estos son los colectivos en los que se registran menores niveles de actividad físico-deportiva, pudiendo ser considerados como grupos de riesgo (Vaz de Almeida *et al.*, 1999).

Asimismo, dada la elevada demanda que presentan las piscinas cubiertas, su intensidad de uso y sus altos costes de inversión y explotación posterior (Rodríguez, 2001; Trianti-Stourna *et al.*, 1998), conocer las características de la oferta de piscinas cubiertas existente en cada Comunidad Autónoma sería también un excelente indicador de la calidad y del grado de desarrollo de sus correspondientes parques de equipamientos e instalaciones deportivas.

PARTE II:

ESTUDIO DE LA DOTACIÓN DE INSTALACIONES DEPORTIVAS EN LAS COMUNIDADES AUTÓNOMAS Y SU INCIDENCIA EN LA ACTIVIDAD FÍSICA

4. PLANTEAMIENTO DEL PROBLEMA

En los apartados anteriores se ha realizado una visión teórica de la problemática de las infraestructuras deportivas y su incidencia en aspectos diversos como la población, la economía, la salud, y por su puesto el deporte. La diversificación del poder administrativo, legislativo y ejecutivo estatal hacia una más efectiva y cercana "*federalización*" en las Comunidades Autónomas, denota el impacto de la implicación de los organismos regionales en la planificación deportiva de sus territorios. Es la Administración regional la que concede ayudas subsidiarias a los servicios deportivos municipales, con la construcción de instalaciones deportivas, asumiendo la mayor parte del coste de edificación, por lo que esto pronostica la indudable reflexión por parte de las autoridades, sobre sus políticas y planes de infraestructuras deportivas.

Tomando como referencia los datos ofrecidos en el Censo Nacional de Instalaciones Deportivas de 2005 (Gallardo, 2007), como principal fuente de datos, centraremos la atención en conocer la situación de la infraestructura deportiva en España. Por tanto, esta investigación pretende realizar un análisis cuantitativo y cualitativo de la oferta de instalaciones deportivas en cada Comunidad Autónoma, así como estudiar y comparar el estado de las infraestructuras deportivas de las Comunidades, ya que este entorno físico es trascendente en la promoción de un contexto social saludable. Así, el posicionamiento permitirá observar claramente las posibles desigualdades territoriales en la distribución de la oferta de instalaciones deportivas y, en consecuencia, valorar qué Comunidades Autónomas son las que proporcionan, a priori, entornos más o menos propicios para la práctica de actividad física y/o deporte entre sus habitantes.

4.1 Objetivos

Los objetivos de este estudio son:

1. *Identificar las variables que condicionan la situación de la infraestructura deportiva de España.*

2. *Conocer el estado de cada Comunidad Autónoma, en materia de infraestructuras deportivas, según unos indicadores cuantitativos y cualitativos.*
3. *Comparar y posicionar a las Comunidades Autónomas, en un indicador sintético global, denominado ISID (Indicador Sintético de las Instalaciones Deportivas), de manera que determinen distintos niveles diferenciados, según su oferta de infraestructuras deportivas.*
4. *Establecer relaciones entre los niveles de infraestructura deportiva de las Comunidades Autónomas y su nivel de práctica deportiva.*
5. *Diseñar una herramienta de control y comparación de la infraestructura deportiva para la planificación deportiva.*

4.2 Hipótesis de trabajo

Asimismo, a tenor de la revisión teórica, presentamos las siguientes hipótesis de investigación:

- *Hipótesis 1*. Las Comunidades Autónomas presentan grandes diferencias entre sí en relación a su infraestructura deportiva.
- *Hipótesis 2*. Existen diferencias significativas en cuanto a la Práctica Deportiva de la población, de las Comunidades Autónomas, según su nivel en el ISID, siendo mayor la práctica deportiva de la población en las Comunidades con mejor nivel de ISID.
- *Hipótesis 3*. La Práctica Deportiva de la población de las Comunidades Autónomas puede ser pronosticada mediante un modelo lineal en base a los datos ofrecidos por las instalaciones deportivas.

5. DISEÑO METODOLÓGICO

Una vez realizada la revisión teórica de cada uno de los constructos implicados en la investigación, y que servirá de fundamentación para el posterior análisis y discusión de los datos de manera adecuada; en el siguiente apartado, describimos las pautas metodológicas de la investigación realizada.

5.1 Población

La muestra se compone del total de instalaciones y espacios deportivos censados en 2005, públicas y privadas de uso colectivo (se han excluido las privadas de uso individual-familiar), por lo que no se trata de una muestra, sino que abarca toda la población de infraestructuras deportivas de las 17 Comunidades Autónomas españolas estudiadas.

En este trabajo de investigación, se ha considerado conveniente estudiar solamente a las 17 Comunidades Autónomas de España, sin incluir a las Ciudades Autónomas de Ceuta y Melilla, ya que por sus características propias (reducida extensión, 19 y 13 km^2 respectivamente; altísima densidad de población, 4.000 y 5.000 hab./ km^2; práctica deportiva influida por el alto porcentaje de fuerzas armadas, sometidos a entrenamientos físicos y deportivos por su profesión; etc.) desvirtuarían los datos medios nacionales, al tener variables de estudio muy determinantes e influyentes en los factores analizados.

5.2 Bases de datos empleadas

Los datos necesarios para el desarrollo del presente estudio fueron obtenidos de las siguientes bases de datos:

1.- Censo Nacional de Instalaciones Deportivas de 2005 (CNID-2005): Censo elaborado por el Consejo Superior de Deportes, perteneciente al Gobierno de España, donde se incluyen los datos de todas las Comunidades Autónomas españolas en materia de infraestructura deportiva, de uso colectivo (**www.csd.gob.es**)

2.- Censo Nacional de Población: se refiere al recuento de la población según distintas desagregaciones territoriales, en este caso, tomando como referencia los datos regionales, durante el año 2005 (INE, 2006) (anterior Tabla 1.I).

3.- Territorio de cada Región española: La superficie regional ha sido obtenida de la base de datos sobre "Extensión superficial por Regiones" medidas en kilómetros cuadrados, que existe en el Instituto Nacional de Estadística (**www.ine.es**).

5.3 Variables objeto de estudio

Para llevar a cabo la investigación ha sido necesaria la determinación de una serie de variables que pudieran determinar el análisis cuantitativo y cualitativo de la infraestructura deportiva.

5.3.1 Variables independientes

El estudio sobre la situación de instalaciones deportivas en las Comunidades Autónomas españolas, es un tema complejo y no se ha tratado suficientemente en la literatura deportiva. Mediante la reunión de un grupo de Expertos, a través de la técnica de *Grupo de Discusión*, se planteó identificar cuáles eran las posibles variables más idóneas para explicar y determinar la situación de las instalaciones deportivas en cada Comunidad (Tabla 5.I).

Esta técnica tiene como el objetivo global de obtener información desde diferentes perspectivas, potenciando todo tipo de aportaciones y puntos de vista propios sin restricción, acerca de las percepciones, opiniones, y actitudes que, sobre las necesidades y problemática de las infraestructuras deportivas.

Es un método de generación de ideas que proviene del campo de la intervención social, donde para potenciar la participación de los usuarios se han venido desarrollando diferentes variantes de dinámicas grupales (Brainstorming o Tormenta de Ideas, Philips 66, Delphi), utilizado comúnmente en multitud de estudios (Álvarez *et al.*, 2003; Martínez *et al.*, 2006; Van Weeghel y Kroon, 2004), aunque poco utilizado en el campo de la investigación en ciencias de la actividad física y el deporte.

Tabla 5.I. Composición del Grupo de Expertos

Composición del Grupo	Grupo de Expertos
Equipo Investigador:	1 Moderador 2 Investigadores
Participantes Expertos:	4 Doctores en Ciencias de la Actividad Física y del Deporte 4 Gestores Deportivos
Perfil de los participantes	
Sexo:	4 Hombres 4 Mujeres
Perfiles profesionales:	- Gestores de organizaciones e instalaciones deportivas - Profesores de Universidad
Descripción de la sesión	
Fecha:	4 Abril 2007
Duración:	1 hora 30 minutos (12:00 – 13:30)
Lugar	Toledo, España

En nuestro caso, los expertos profesionales estarán relacionados con el ámbito de la gestión deportiva y del mundo académico relacionado con la planificación deportiva. Se ha procurado reunir a profesionales provenientes de diferentes características sociales, económicas y geográficas para así conocer de manera completa el contexto en el que se desarrollan las instalaciones deportivas. Para el desarrollo de esta técnica se realizaron diferentes actuaciones:

- Comunicación con los participantes (Expertos)
- Envío de informe preliminar con el planteamiento general del estudio
- Envío de la invitación formal para asistir a la reunión
- Remite de la guía sobre los temas que se abordarían en la reunión
- Desarrollo de la sesión con el grupo de discusión, formado por el panel de expertos el día fijado

La sesión del grupo de expertos se desarrolló de la siguiente forma:

- Presentación de componentes y objetivos de la reunión.
- Desarrollo de la reunión y debate sobre las variables de las instalaciones deportivas que pueden influir en la población, y la ponderación de cada de ellas, con respecto al 100% total, en función de la importancia atribuida a las mismas en base a su experiencia.
- Generación de conclusiones, concreción de las variables para el estudio y niveles de clasificación de la infraestructura deportiva de las regiones, según el indicador sintético global.

Como resultado se identificaron 15 variables independientes (Tabla 5.II).

Tabla 5.II. Variables seleccionadas para el estudio

Indicador Población	
1.	Número de instalaciones por habitante
2.	Número de espacios deportivos por habitante
3.	Superficie deportiva por habitante
4.	Piscinas cubiertas por habitante
5.	Lámina de agua cubierta por habitante
Indicador Calidad	
6.	Edad media de las instalaciones construidas en los últimos 30 años
7.	Porcentaje de espacios deportivos cerrados
8.	Número de vestuarios por instalación
9.	Porcentaje de pavimento en buen estado
10.	Servicios auxiliares por instalación
11.	Nivel de Accesibilidad
12.	Utilización de energías renovables
Indicador Densidad	
13.	Densidad de instalaciones deportivas por superficie regional
14.	Densidad de espacios deportivos por superficie regional
15.	Metros cuadrados de espacio deportivo por superficie regional

Teniendo en cuenta los datos obtenidos independientemente de cada Comunidad Autónoma (CA), las variables se definieron de la siguiente forma:

1. <u>Número de instalaciones por habitante</u>: Ratio de instalaciones deportivas/número de habitantes, en la CA.

2. Número de espacios deportivos por habitante: Ratio de espacios deportivos/número de habitantes, en la CA.

3. Superficie deportiva por habitante: Ratio de metros cuadrados de espacios deportivos convencionales/número de habitantes, en la CA.

4. Piscinas cubiertas por habitante: Ratio de piscinas cubiertas/número de habitantes, en la CA.

5. Lámina de agua cubierta por habitante: Ratio de metros cuadrados de lámina de agua en piscinas cubiertas/número de habitantes, en la CA.

6. Edad media de las instalaciones construidas en los últimos 30 años: Edad media de las instalaciones de la región, construidas desde 1975, en la CA. Cuanta menor edad media tengan las instalaciones de una Comunidad, mejor será su puntuación en esta variable.

7. Porcentaje de espacios deportivos cerrados: El CNID-2005 cataloga los espacios deportivos convencionales como abiertos o cerrados (es decir cubiertos). Esta variable ha sido obtenida del tanto por ciento de espacios deportivos cerrados en función del total de espacios deportivos, en la CA.

8. Número de vestuarios por instalación: Ratio de vestuarios/número de instalaciones deportivas, en la CA.

9. Porcentaje de pavimento en buen estado: El CNID-2005 cataloga los pavimentos deportivos en 4 categorías: bueno, regular, mal estado e inservible. En el estudio se ha escogido para esta variable únicamente los pavimentos en "Buen estado". Luego se obtuvo el tanto por ciento de pavimentos en buen estado en función del total de pavimentos deportivos, en la CA.

10. Servicios auxiliares por instalación: Ratio de servicios auxiliares/número de instalaciones deportivas, en la CA.

11. Nivel de Accesibilidad: Siguiendo el cumplimiento del Real Decreto sobre medidas mínimas de Accesibilidad en edificios de 1989 (Real Decreto 556/1989,

de 19 de mayo), se analizó el porcentaje de instalaciones deportivas que cumplían esta normativa de accesibilidad, tanto para deportistas como espectadores, construidas a partir de la entrada en vigor del Real Decreto.

12. Utilización de energías renovables: El CNID-2005 identifica como energías renovables las placas solares (térmicas y fotovoltaicas), hidráulica, biomasa y eólica. La variable contempla el uso de alguno de estos sistemas citados anteriormente. Se obtuvo del Ratio de instalaciones deportivas que utilizan energías renovables/número total de instalaciones deportivas, en la CA.

13. Densidad de instalaciones deportivas por superficie regional: Ratio de instalaciones deportivas/kilómetros cuadrados de extensión regional.

14. Densidad de espacios deportivos por superficie regional: Ratio de espacios deportivos/kilómetros cuadrados de extensión regional.

15. Metros cuadrados de espacio deportivo por superficie regional: Ratio de metros cuadrados de espacios deportivos convencionales/kilómetros cuadrados de extensión regional.

5.3.2 Variables dependientes

La única variable dependiente que muestra este estudio es:

1. Práctica Deportiva: se refiere a la población que práctica deporte o actividad física, ya sea uno/a o varios/as deportes/actividades. Distribución en porcentaje (%) de la población según su práctica deportiva, por Comunidad Autónoma de residencia, en 2005 (García Ferrando, 2006) (anterior Tabla 2.III).

5.3.3 Indicadores sintéticos

Los indicadores sintéticos se construyen mediante análisis lógico, análisis dimensional, estadístico, o basado en experiencias anteriores de los investigadores. Por un lado, permiten agrupar un conjunto imprescindible de variables, que pueden tener un alto grado de correlación entre sí, o que contribuyen en el mismo sentido (sin contrarrestarse) a consolidar un criterio sólido sobre cierto tema o fenómeno de interés.

Las variables independientes seleccionadas por el panel de expertos se agruparon bajo la denominación de indicadores dependiendo de la afinidad que tenían entre ellas. Se concretaron tres Indicadores Parciales (Población, Calidad y Densidad):

- *Indicador Población* (variables 1 a 5): variables que relacionaban la cantidad de instalaciones, espacios y superficie deportiva de cada región con su población.
- *Indicador Calidad* (variables 6 a 12): variables que informaban del grado de idoneidad constructiva y de mantenimiento de las diferentes instalaciones deportivas (antigüedad, accesibilidad, uso de energías renovables, disponibilidad de espacios auxiliares, etc.).
- *Indicador Densidad* (variables 13 a 15): variables que relacionaban las dotaciones de instalaciones y espacios deportivos con la superficie regional.

Según el grupo de expertos el conjunto de estos tres indicadores parciales forman un Indicador sintético global, que se denomina ISID (Indicador Sintético de las Instalaciones Deportivas). Cada variable se ponderó de forma idéntica (con un valor del 6,67%), puesto que se consideró que todas ellas tenían un mismo nivel de importancia respecto al total. Por indicadores parciales, el Indicador Población representó un 33,33% del ISID; el Indicador Calidad, un 46,66% del ISID y, por último, el Indicador Densidad, un 20,00%.

5.4 Análisis descriptivo y estadístico de los resultados

El estudio está enmarcado dentro de una metodología cuantitativa (Gutiérrez-Dávila y Oña, 2005; Thomas *et al.*, 2005), con carácter descriptivo, puesto que han de describir sistemáticamente las características de la muestra o población de forma objetiva y comprobable (Colás, 1992). Se diseñó una base de datos con las correspondientes variables independientes y base de datos, para la investigación. Para el tratamiento de datos recogidos, se utilizó el programa estadístico SPSS 14.0 para Windows y Statgraphics 5.0 para Windows.

Para conocer la situación de cada Comunidad, se crea un Indicador Sintético. Su diseño se inicia con la selección, a través de un grupo de expertos, de las variables más representativas de aspectos determinantes de las infraestructuras deportivas, presentadas anteriormente. Para poder sumar el valor obtenido en cada variable, se estandarizaron éstas, disponiendo de una única escala de medida. Siguiendo a numerosos autores (Burton, 2003; Fanariotu y Skuras, 2004; Feser, 2005; Norton, 2007; Rahman, 2004; Wolsink, 2004) se empleó una puntuación estandarizada, de media cero y unidad la desviación típica. Es decir, los datos reales X_i se han estandarizado como puntuaciones Z. Para ello se calculan sus diferencias con respecto a los valores medios obtenidos para cada variable por Comunidad Autónoma, y se expresan de forma relativa con respecto a las desviaciones típicas de estos (Figura 5.1.). De modo que en cada una de las variables aparecen valores negativos (por debajo de la media) y valores positivos (por encima de la media).

$$Z_i = \frac{X_i - \overline{X}}{S}$$

Figura 5.1. Fórmula para la estandarización de las variables en puntuaciones Z

Es destacable señalar que se introduce un cambio de signo en la variable 6, pues se considera que las instalaciones de menor edad de construcción deben tener mayor calidad. Así que esta variable ya puede valorarse sumando al igual que las demás.

Posteriormente, estas variables se agrupan en indicadores parciales. Finalmente, se realiza un sumatorio de estos indicadores parciales, ofreciendo un Indicador Sintético (ISID) que refleja el estado de la red de infraestructuras deportivas en las diferentes Comunidades Autónomas. Se definen tres indicadores sintéticos parciales: Población (IP), Calidad (IC), Densidad (ID), que se calculan a partir de las siguientes ecuaciones (Figura 5.2.):

$$\mathbf{IP = Z_1 + Z_2 + Z_3 + Z_4 + Z_5}$$

$$\mathbf{IC = Z_6 + Z_7 + Z_8 + Z_9 + Z_{10} + Z_{11} + Z_{12}}$$

$$\mathbf{ID = Z_{13} + Z_{14} + Z_{15}}$$

Figura 5.2. Cálculos de los indicadores sintéticos parciales (Población, Calidad y Densidad)

Finalmente el grupo de expertos estableció 4 niveles de clasificación de las Comunidades Autónomas españolas según sus resultados en el ISID:

- **Nivel Oro**: ISID con puntuaciones superiores a 3. Excelente dotación de infraestructura deportiva con respecto a las demás Comunidades.
- **Nivel Plata**: ISID con puntuaciones entre 0.01 y 3. Buena dotación de infraestructura deportiva para la población.
- [illegible]
- **Nivel Cobre**: ISID con puntuaciones inferiores a -3. Muy deficiente infraestructura deportiva con respecto a las demás Comunidades Autónomas.

En segundo lugar, se identifica como variable dependiente a la práctica deportiva de 2005 por Comunidades Autónomas.

Para la comparación de los grupos independientes de niveles, se ha efectuado una prueba de la normalidad de las variables objeto de estudio (tanto de la muestra total: 17 Comunidades Autónomas; como la muestra parcial: dos niveles de infraestructuras deportivas), mediante la prueba de Kolmogorov-Smirnov para una muestra, de modo que se pueda realizar la comparación de las medias según variables paramétricas. Seguidamente se contrastan las diferencias de las medias entre los niveles. Se comprueba si existen diferencias significativas con la variable dependiente *Práctica Deportiva*, mediante una prueba T para muestras independientes, con un valor de confianza del 95% ($\alpha \leq 0,05$).

Para concluir, se ha realizado la búsqueda de posibles modelos de dependencia que permitan relacionar los indicadores y variables independientes con la práctica deportiva de la población mediante la utilización de métodos de análisis de regresión múltiple (con un procedimiento denominado *Step wise*, o "paso a paso"). Se pretende encontrar un modelo con un proceso de tamizado, extrayendo las variables que tienen una probabilidad de rechazo superior a 0,05 ya que se estableció un nivel de confianza de un 95%. En este sentido se realizaron las siguientes pruebas:

- Prueba de calidad del modelo o prueba de falta de ajuste (análisis de varianza que contrasta las fuentes de variación del modelo y el residuo).
- Prueba de calidad de coeficientes.
- Análisis de residuos.
- Cálculo del coeficiente de correlación.

6. PRESENTACIÓN DE LOS RESULTADOS

Una vez descrito el procedimiento del estudio y la metodología empleada en la investigación, expondremos en este apartado los aspectos más relevantes del análisis descriptivo de las distintas variables a través de las relaciones, asociaciones y posicionamiento que se producen en función de las establecidas, así como los análisis estadísticos pertinentes.

En esta presentación de resultados habrá que distinguir dos partes:

1. En primer lugar mostramos los resultados obtenidos en los diferentes indicadores parciales cuantitativos (Indicadores Población y Densidad) y cualitativo (Indicador Calidad) junto con el desarrollo final del Indicador Sintético de las Instalaciones Deportivas (ISID) que muestra la situación de las Comunidades Autónomas referente a sus infraestructuras deportivas, con su posicionamiento final y su nivel alcanzado.
2. Por otro lado, comprobaremos si existen correlaciones entre el posicionamiento final de las Comunidades Autónomas mostrado por el ISID, con las variables de Práctica Deportiva de la población. Así como un posible modelo predictivo de la práctica deportiva en función de los resultados particulares de las Comunidades Autónomas en cada variables.

6.1 Indicador Población.

Variables incluidas en este indicador:

1. Número de instalaciones por habitante
2. Número de espacios deportivos por habitante
3. Superficie deportiva por habitante
4. Piscinas cubiertas por habitante
5. Lámina de agua cubierta por habitante

En la tabla 6.I, se muestra la puntuación que obtienen las diferentes Comunidades Autónomas en cada una de estas variables, así como el total del Indicador Población.

Tabla 6.I. Indicador Población

CC AA	1	2	3	4	5	Indicador Población
Baleares	2,19	2,82	-0,72	3,51	2,38	**10,19**
Navarra	0,25	0,59	0,74	1,03	1,94	**4,54**
Castilla y León	1,57	0,76	2,4	-0,44	-0,57	**3,71**
Aragón	0,77	1,02	0,6	-0,22	-0,38	**1,79**
La Rioja	0,42	0,6	0,39	-0,25	-0,32	**0,84**
Cantabria	0,76	0,05	-0,07	-0,08	0	**0,67**
Cataluña	-0,46	-0,05	-0,74	0,19	1,29	**0,23**
Castilla-La Mancha	0,39	-0,06	0,91	-0,66	-0,56	**0,03**
Extremadura	0,23	-0,06	1,54	-0,78	-1,36	**-0,44**
Galicia	-0,26	-0,65	0,4	-0,09	0,01	**-0,6**
País Vasco	-0,81	-0,49	-0,7	0,3	0,54	**-1,16**
Canarias	0,14	0,3	-0,6	-0,53	-0,8	**-1,5**
Asturias	-0,45	-0,59	-0,53	-0,29	-0,1	**-1,95**
Andalucía	-0,67	-0,82	-0,51	-0,38	-0,8	**-3,19**
Comunidad Valenciana	-1,35	-0,96	-0,9	-0,35	-0,48	**-4,05**
Región de Murcia	-1,29	-1,22	-0,83	-0,56	-0,5	**-4,4**
Madrid (Comunidad de)	-1,43	-1,23	-1,36	-0,4	-0,29	**-4,71**

Como se puede observar, Baleares es claramente la Comunidad Autónoma mejor posicionada en el Indicador Población, duplicando con creces la puntuación correspondiente a la Comunidad de Navarra, que se sitúa en segundo lugar. En comparación con otras regiones, Baleares destaca en casi todas las variables incluidas en este Indicador y, de manera especial, en la variable 4 (piscinas cubiertas por habitantes). No obstante, también es cierto que en la variable 3 (superficie deportiva por habitante) muestra resultados menos favorables, por debajo de la media nacional. En este caso, Castilla y León, incluso siendo la sexta región en cuanto a número de habitantes, es claramente la Comunidad mejor posicionada en lo que se refiere a superficie deportiva por habitante. Por el contrario, Cantabria, que es la segunda Comunidad con menor población de España, obtiene valores medios, e incluso inferiores a la media, en variables como la superficie deportiva por habitante o el número de piscinas cubiertas por habitante.

Por otra parte, tres de las Comunidades ubicadas en los cinco primeros puestos del Indicador Población (Castilla y León, Aragón y La Rioja), ofrecen valores positivos en tres de las variables estudiadas (instalaciones, espacios y superficie deportiva por habitante). Sin embargo, muestran datos negativos (inferiores a la media nacional) en las dos restantes, es decir, en aquellas que hacen referencia a la oferta de piscinas cubiertas en función de su población.

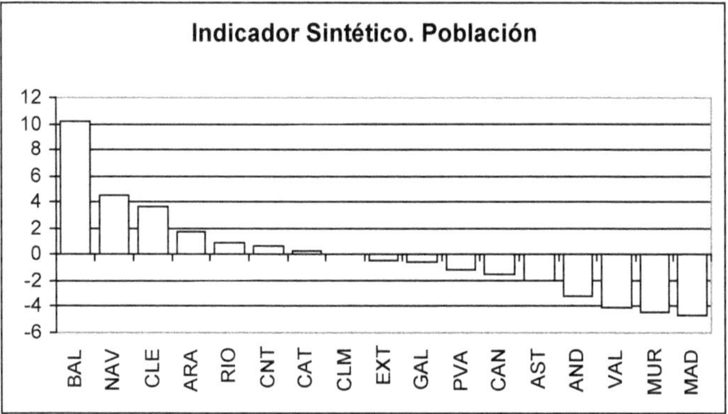

Figura 6.1. Indicador Sintético. Población

Finalmente, es importante señalar que las Comunidades de Asturias, Andalucía, Valencia, Murcia y Madrid son las peor posicionadas en el Indicador Población, con valores inferiores a la media nacional en todas las variables que lo integran.

6.2 Indicador Calidad

Variables incluidas en este indicador:

6. Edad media de las instalaciones construidas en los últimos 30 años
7. Porcentaje de espacios deportivos cerrados
8. Número de vestuarios por instalación
9. Porcentaje de pavimento en buen estado
10. Servicios auxiliares por instalación
11. Nivel de Accesibilidad

12. Utilización de energías renovables

En la tabla 6.II, se muestra la puntuación que obtienen las diferentes Comunidades Autónomas en cada una de estas variables, así como el total del Indicador Calidad.

Tabla 6.II. Indicador Calidad

CC AA	6	7	8	9	10	11	12	Indicador Calidad
Cataluña	0,19	-0,2	0,74	1,1	1,28	0,88	3,01	7
Asturias	0,46	1,26	-0,02	0,54	0	0,29	0,99	**3,53**
Canarias	0,13	-0,45	0,32	0,74	1,12	0,08	0,66	**2,61**
Andalucía	1,68	-0,89	-0,56	0,57	0,9	-0,48	0,82	**2,04**
Baleares	-0,46	-0,99	-1,35	1,46	1,48	0,99	0,37	**1,51**
Galicia	-0,33	1,57	1,6	-1,59	0,22	0,09	-0,51	**1,05**
La Rioja	1,6	-0,17	-0,35	0,83	-0,09	-0,34	-0,49	**0,99**
Aragón	0,45	-0,78	1,71	0,93	-0,36	-1,17	-0,1	**0,69**
Comunidad Valenciana	-0,21	-0,53	0,51	-0,46	1,26	-0,86	0,17	**-0,12**
Navarra	0,7	1,34	0,29	-1,17	-1,84	1,16	-1,02	**-0,53**
Extremadura	0,67	-0,61	0,4	-1,21	-0,24	0,49	-0,23	**-0,73**
País Vasco	-1,91	2,15	-0,37	-1,34	0,4	0,02	0,05	**-1**
Cantabria	-0,43	0,21	-1,73	1,14	-1,03	1,28	-1,02	**-1,56**
Castilla-La Mancha	0,1	-0,84	1,01	0,32	-0,91	-1,22	-0,34	**-1,87**
Castilla y León	0,3	-1,18	-1,34	-0,56	-1,61	1,45	-0,63	**-3,57**
Región de Murcia	-0,95	-0,16	0,21	-0,68	-0,12	-2,13	-0,78	**-4,6**
Madrid (Comunidad de)	-2	0,26	-1,07	-0,61	-0,49	-0,55	-0,96	**-5,43**

En este Indicador de Calidad encontramos como las Comunidades Autónomas mejores posicionadas a Cataluña, Asturias y Canarias. Cataluña es, sin duda alguna, la región más avanzada en la implantación de energías renovables; demostrando así su gran apuesta por el medio ambiente y la sostenibilidad. Además, junto a otras Comunidades como Baleares, también se posiciona en un gran nivel en la variable de Servicios Auxiliares, consolidando de esta forma una visión de futuro y apuesta económica en las instalaciones deportivas.

En el extremo opuesto, Castilla y León, Murcia y Madrid son las Comunidades que arrojan peores resultados globales en este Indicador. En el caso de la Comunidad de Madrid, se encuentra en el último lugar, debido sobre todo a los datos negativos asociados a la mayor edad media de las instalaciones creadas en los últimos 30 años, y los malos resultados en aspectos esenciales para los usuarios como es el número de vestuarios por instalación o el pavimento en buen estado. La Región de Murcia, al igual que la Comunidad de Madrid, también destaca negativamente por la mayor edad media de sus instalaciones y por la poca utilización en las mismas de energías renovables. La Rioja con buenos resultados en pavimentos en buen estado y a pesar de ser la Comunidad con instalaciones más recientes, no parece realizar un buen diseño de las mismas, puesto que presenta datos negativos en número de vestuarios por instalación, nivel de accesibilidad de los usuarios, y energías renovables utilizadas. En Castilla y León, el porcentaje de espacios deportivos cerrados y el número de vestuarios y servicios auxiliares por instalación, son las variables que muestran peores resultados en comparación con otras Comunidades.

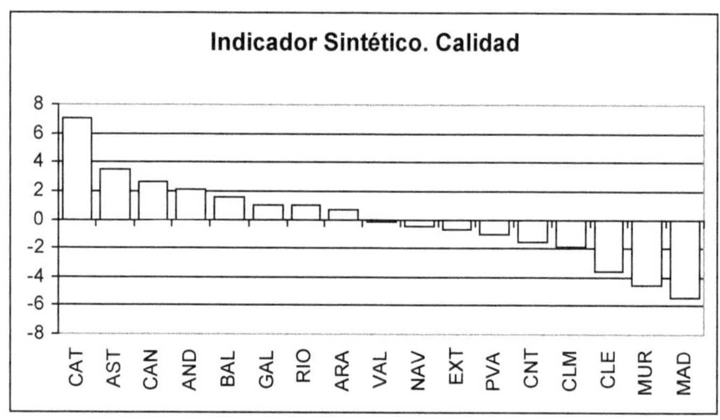

Figura 6.2. Indicador Sintético. Calidad

La influencia de los factores climatológicos, hace que en las Comunidades Autónomas del Norte (Asturias, Galicia, País Vasco y Navarra), donde existen mayores condiciones medioambientales adversas (lluvia, nieve, frío, etc.), destaquen en la variable de espacios deportivos cerrados; esto posibilita una mayor práctica deportiva de su población durante estos días.

Se considera como un asunto de notable importancia, que existan valores tan distantes entre las Comunidades Autónomas en la variable "*Nivel de Accesibilidad*"; ya que para cumplir la normativa vigente, todas las instalaciones y espacios deportivos deben ser accesibles a cualquier persona.

6.3 Indicador Densidad

Variables incluidas en este indicador:

13. Densidad de instalaciones deportivas por superficie regional
14. Densidad de espacios deportivos por superficie regional
15. Metros cuadrados de espacio deportivo por superficie regional

En la tabla 6.III, se muestra la puntuación que obtienen las diferentes Comunidades Autónomas en cada una de las variables de este indicador, así como el total del Indicador Densidad.

Tabla 6.III. Indicador Densidad

CC AA	13	14	15	Indicador Densidad
Madrid (Comunidad de)	2,29	2,37	2,87	**7,53**
Baleares	1,88	1,83	0,35	**4,06**
Canarias	1,3	1,16	1,08	**3,53**
País Vasco	0,76	0,85	1,25	**2,87**
Cataluña	0,49	0,58	0,51	**1,58**
Comunidad Valenciana	-0,16	0,01	0,22	**0,07**
Cantabria	0,02	-0,25	-0,13	**-0,35**
Galicia	-0,42	-0,52	-0,1	**-1,03**
Asturias	-0,41	-0,45	-0,43	**-1,29**
Región de Murcia	-0,56	-0,52	-0,41	**-1,49**
Navarra	-0,58	-0,53	-0,45	**-1,56**
Andalucía	-0,54	-0,57	-0,52	**-1,64**
La Rioja	-0,56	-0,53	-0,56	**-1,64**
Castilla y León	-0,81	-0,83	-0,78	**-2,41**
Aragón	-0,87	-0,81	-1,01	**-2,69**
Extremadura	-0,92	-0,89	-0,9	**-2,71**
Castilla-La Mancha	-0,92	-0,9	-1,01	**-2,83**

Al contrario que en los otros dos Indicadores analizados, Madrid ocupa de manera destacada el primer puesto en el Indicador Densidad. Le siguen, con valores superiores a la media nacional (valores positivos), las Comunidades de Baleares, Canarias, País Vasco, Cataluña y Valencia. Las Comunidades Autónomas peor posicionadas en este aspecto son Castilla-La Mancha, Extremadura y Aragón, que presentan los resultados más bajos de las tres variables.

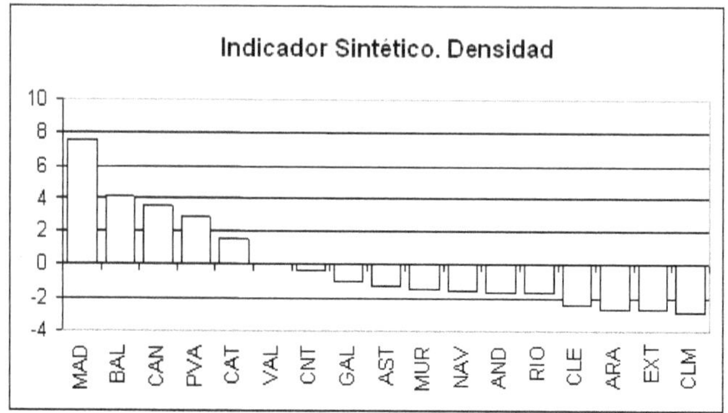

Figura 6.3. Indicador Sintético. Densidad

Baleares, se sitúa en segundo lugar en este indicador, y aunque, independientemente de ser la región más pequeña en extensión de España, estos resultados vienen acompañados de situarse también en los primeros puestos en los anteriores indicadores. Por tanto, es evidente que el Indicador Densidad se ve afectado por la superficie regional, pero no debe de ser este factor el único puesto que sólo 5 Comunidades Autónomas superan la media nacional (con valores positivos), 1 se encuentra en valores medios (Comunidad Valenciana), y la mayoría (11 Comunidades Autónomas de las 17 estudiadas) se encuentran por debajo de la media en el Indicador Densidad, entre las que encontramos a Comunidades como Cantabria, Asturias, Región de Murcia, Navarra o La Rioja, que se encuentran entre las más pequeñas en cuanto a extensión superficial, con valores inferiores a la media.

6.4 ISID. Indicador Sintético de las Instalaciones Deportivas

Del mismo modo, se considera necesario realizar un estudio para conocer las relaciones entre variables. La tabla 6.IV muestra todas las correlaciones significativas (Pearson), con un 95% de confianza, entre las 15 variables que se han utilizado. También se incluyen los tres indicadores para analizar su relación con las mismas:

- (*) indica la existencia de una fuerte correlación entre los diferentes pares de variables.
- (+) indica correlación positiva, es decir, correspondencia directa entre ambas variables. (a medida que aumenta una de ellas, aumenta la otra).
- (-) indica correlación negativa, o correspondencia inversa.
- Z_i representa a cada una de las variables seleccionadas por los expertos.
- IP, IC y ID representan los indicadores parciales de Población, Calidad y Densidad respectivamente
- Las casillas en blanco indican que no existe correlación significativa entre ambas variables, con un 95% de confianza.

Tabla 6.IV. Correlaciones entre variables e indicadores

	Z1	Z2	Z3	Z4	Z5	Z6	Z7	Z8	Z9	Z10	Z11	Z12	Z13	Z14	Z15
Z1		*(+)	*(+)	*(+)							*(+)				
Z2	*(+)			*(+)	*(+)										
Z3	*(+)									*(-)			*(-)	*(-)	*(-)
Z4	*(+)	*(+)			*(+)										
Z5		*(+)		*(+)											
Z6													*(-)	*(-)	*(-)
Z7									*(-)						
Z8															
Z9							*(-)								
Z10			*(-)												
Z11	*(+)														
Z12															
Z13			*(-)			*(-)								*(+)	*(+)
Z14			*(-)			*(-)							*(+)		*(+)
Z15			*(-)			*(-)							*(+)	*(+)	
IP	*(+)	*(+)		*(+)	*(+)						*(+)				
IC									*(+)	*(+)		*(+)			
ID			*(-)			*(-)							*(+)	*(+)	*(+)

Analizando la tabla anterior observamos que existe una fuerte correlación positiva entre las variables (1) y (11), que indica que en general, el número de instalaciones por habitante se corresponde correctamente con el nivel de accesibilidad de las mismas, en cada Comunidad Autónoma. También se observa una fuerte correlación de la variable (1), con respecto a (2), (3) y (4), que forman parte del mismo indicador. La variable (4) se comporta en lógica correspondencia con la variable (5) (piscinas cubiertas y lámina de agua cubierta por habitante).

Aparentemente la variable (3), (superficie deportiva por habitante), que se ha incluido en el indicador Población, no influye significativamente sobre este, pero ya que tiene una correlación fuerte con respecto a (1), no existe contradicción, y se puede mantener formando parte del mismo con un aporte significativo. Profundizando en los diagramas de dispersión bivariable se encuentra que tal comportamiento se debe a datos anómalos existentes en el par de valores Z1-Z3 para la Comunidad de Baleares, que presenta el número más alto de instalaciones por habitantes, y sin embargo tiene muy baja superficie deportiva por habitante, lo que parece revelar que tiene muchas instalaciones deportivas de pequeño tamaño, en comparación con el resto de las Comunidades Autónomas. En la figura 6.4. se muestra como el valor de Baleares se encuentra muy desviado de la progresión lineal que muestran las demás regiones.

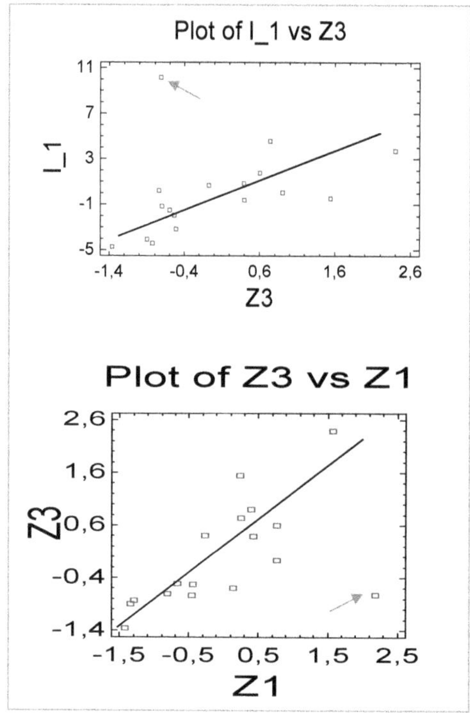

Figura 6.4. Gráfico de dispersión entre las variables 1 y 3 (se encuentra señalado el valor de Baleares)

Por otra parte, se observa que la variable (6) no presenta una correlación significativa con respecto a ninguna de las variables restantes que conforman el indicador Calidad, esto indica que la edad de las instalaciones no es un factor determinante en este caso, y que se pueden encontrar instalaciones menos modernas que reúnen también requisitos de calidad. Se incluye a modo de ejemplo el diagrama de dispersión de las variables 6 (edad media de las instalaciones) y 12 (utilización de energías renovables) (Figura 6.5.), puesto que en un principio se puede pensar que ambas variables mantengan relación (*a menor edad de las instalaciones mayor utilización de energías renovables*), pero que el análisis de los datos lo descarta. Los demás gráficos relacionados con la variable 6 siguen una dispersión similar.

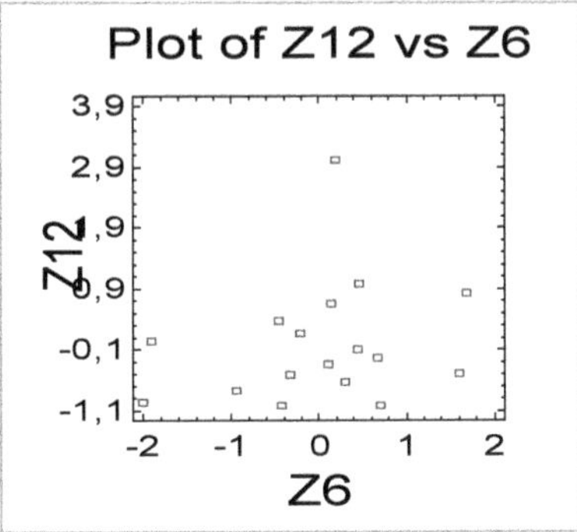

Figura 6.5. Gráfico de dispersión entre las variables 6 y 12

Como resultado también a valorar, se destaca que la variable 7 (porcentaje de espacios deportivos cerrados), es inversamente proporcional a la variable 9 (porcentaje de pavimento en buen estado). Esto hace suponer que en las Comunidades Autónomas donde se dedican mayores esfuerzos a mantener las instalaciones cerradas, se invierten menos recursos en mantener los pavimentos exteriores con calidad.

Por otro lado, el indicador Densidad mantiene una excelente correlación positiva con las variables 13 (instalaciones), 14 (espacios) y 15 (superficie) que lo componen, lo que hace presagiar que es una buena medida para conocer y comparar las instalaciones deportivas en relación a las Comunidades Autónomas.

Finalmente, sumando todas las variables obtenemos el indicador sintético global, denominado ISID, que es el resultante del total de los tres indicadores parciales y que nos indica el nivel de cada Comunidad Autónoma en la comparación de sus instalaciones deportivas, como se aprecia en la tabla 6.V.

Tabla 6.V. ISID. Indicador Sintético de las Instalaciones Deportivas

CC AA	Población	Calidad	Densidad	ISID
Baleares	10,19	1,51	4,06	**15,76**
Cataluña	0,23	7	1,58	**8,81**
Canarias	-1,5	2,61	3,53	**4,64**
Navarra	4,54	-0,53	-1,56	**2,45**
País Vasco	-1,16	-1	2,87	**0,71**
Asturias	-1,95	3,53	-1,29	**0,29**
La Rioja	0,84	0,99	-1,64	**0,19**
Aragón	1,79	0,69	-2,69	**-0,21**
Galicia	-0,6	1,05	-1,03	**-0,58**
Cantabria	0,67	-1,56	-0,35	**-1,24**
Castilla y León	3,71	-3,57	-2,41	**-2,27**
Madrid (Comunidad de)	-4,71	-5,43	7,53	**-2,61**
Andalucía	-3,19	2,04	-1,64	**-2,79**
Extremadura	-0,44	-0,73	-2,71	**-3,88**
Comunidad Valenciana	-4,05	-0,12	0,07	**-4,1**
Castilla-La Mancha	0,03	-1,87	-2,83	**-4,67**
Región de Murcia	-4,4	-4,6	-1,49	**-10,49**

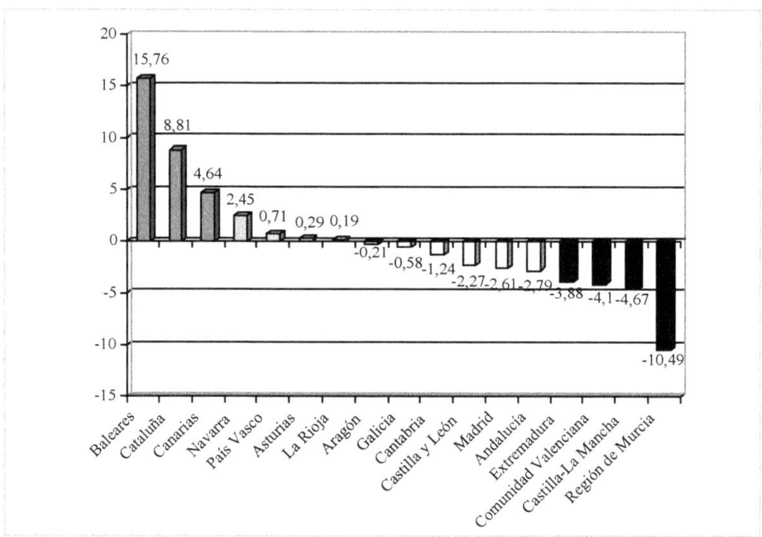

Figura 6.6. Puntuaciones obtenidas en el ISID por las distintas Comunidades Autónomas

Por tanto, los resultados obtenidos por las Comunidades Autónomas en el ISID, muestran el posicionamiento de cada Comunidad en función de su oferta global de instalaciones deportivas (Figuras 6.6. y 6.7.).

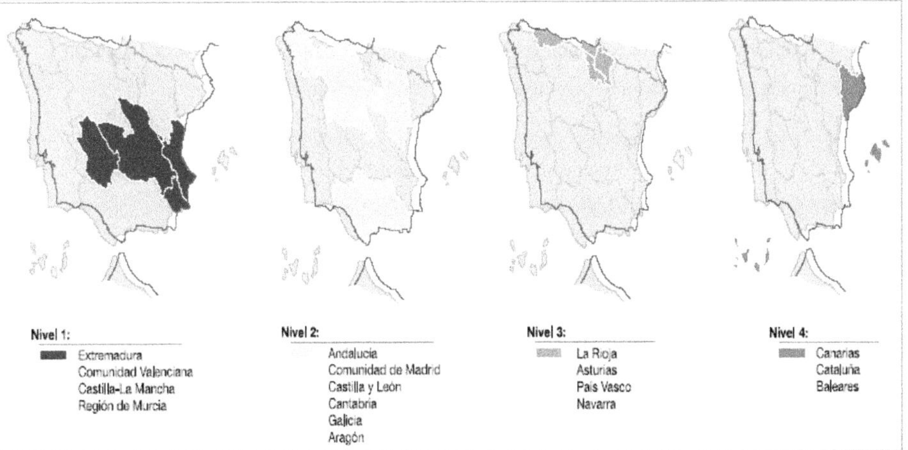

Figura 6.7. Clasificación de las Comunidades Autónomas según el Nivel de Desarrollo (Cobre, Bronce, Plata y Oro) de sus ofertas de instalaciones deportivas.

Pues bien, Baleares es la Comunidad Autónoma con una situación más favorable en su dotación de infraestructuras deportivas. Ocupa el primer puesto del ISID, gracias a sus buenos resultados en los tres Indicadores Parciales. Le siguen las Comunidades de Cataluña y Canarias, cuyas ofertas de instalaciones deportivas también se sitúan en un Nivel Oro (ISID con puntuaciones superiores a tres). Ambas Comunidades logran posicionarse en este Nivel debido, fundamentalmente, a sus buenos resultados en los Indicadores parciales Calidad y Densidad. Sin embargo, en el Indicador Población sus resultados no son del todo positivos.

En el Nivel Plata se encuentran cuatro Comunidades Autónomas que presentan valores positivos en el ISID, pero inferiores a tres en todos los casos. Se trata de Navarra, País Vasco, Asturias y La Rioja. Navarra se encuentra en cuarto lugar gracias a sus buenos resultados en el Indicador Población, a pesar de ocupar posiciones medias o bajas en los Indicadores Calidad y Densidad. El País Vasco, sin embargo, se posiciona en quinto lugar por arrojar datos bastante positivos en el Indicador Densidad.

En el Nivel Bronce (puntuaciones comprendidas entre -3 y 0 en el ISID) aparecen seis Comunidades Autónomas. Son, por orden decreciente, Aragón, Galicia, Cantabria, Castilla y León, la Comunidad de Madrid y Andalucía. Generalmente, son regiones que han destacado en algún indicador parcial, pero que arrojan resultados inferiores a la media nacional en los otros Indicadores. Tal es el caso, por ejemplo, de la Comunidad de Madrid, que aun teniendo la mejor posición en el Indicador Densidad, ocupa el último lugar tanto en el Indicador Calidad como en el de Población.

Extremadura, Comunidad Valenciana, Castilla-La Mancha y, especialmente, la Región de Murcia, son las Comunidades Autónomas cuyos parques de instalaciones deportivas parecen presentar un deficiente desarrollo, en el Nivel Cobre (con puntuaciones en el ISID inferiores a -3). En casi todos los casos, obtienen puntuaciones inferiores al promedio nacional en los tres indicadores parciales.

6.5 Las instalaciones deportivas y la práctica deportiva de la población

6.5.1 Análisis del posicionamiento del ISID y la práctica deportiva

Con los resultados obtenidos en el ISID, se formaron 4 grupos o niveles de Comunidades Autónomas. Siguiendo las indicaciones metodológicas de Martínez (1999), en el estudio de los niveles del ISID con la práctica deportiva, se requiere un número mínimo (conjunto superior a 100 datos entrecruzados), para realizar un análisis multivariante caso a caso (en este particular, Comunidad a Comunidad). Dado que es reducido el número de casos totales que tiene la investigación (N=17), se ha considerado agrupar estos niveles en 2, para la comparación de sus medias:

- Un primer Nivel 1: que agrupa los niveles Oro y Plata anteriores, con aquellas Comunidades con un ISID positivo (cuyo N=7).
- Un segundo Nivel 2: que agrupa los niveles Cobre y Bronce anteriores, con aquellas Comunidades con un ISID negativo (cuyo N=10).

Indagamos en busca de diferencias significativas entre ambos niveles regionales, respecto al porcentaje de práctica deportiva de las diferentes Comunidades Autónomas. Para el análisis de los datos, en primer lugar realizamos la prueba de Kolmogorov-Smirnov para una muestra para asegurarnos el cumplimiento del supuesto de normalidad, tanto con la muestra total, como segmentado por los dos niveles del Indicador Sintético, en las variables objeto de estudio. En cuanto a la muestra total, obtenemos una alta significatividad asintótica (práctica deportiva: 0,979) muy cercana al 1 de la curva normal. En muestra parcial también obtenemos significatividad alta, por lo que podemos afirmar que en ambos casos (muestra total y segmentada), los resultados permiten la utilización de las pruebas estadísticas paramétricas en la variable de interés para el análisis que nos ocupa, la *Práctica Deportiva* de la región (Tablas 6.VI y 6.VII).

Tabla 6.VI. Prueba de Kolmogorov-Smirnov para una muestra

		Práctica deportiva 2005
N		17
Parámetros normales(a,b)	Media	36,41
	Desviación típica	4,529
Diferencias más extremas	Absoluta	,115
	Positiva	,115
	Negativa	-,108
Z de Kolmogorov-Smirnov		,473
Sig. asintót. (bilateral)		,979

a La distribución de contraste es la Normal.
b Se han calculado a partir de los datos.

Tabla 6.VII. Prueba de Kolmogorov-Smirnov para una muestra, por niveles

Niveles Indicador Sintético			Práctica deportiva 2005
Nivel 1	N		7
Oro y Plata	Parámetros normales(a,b)	Media	39,57
		Desviación típica	3,457
	Diferencias más extremas	Absoluta	,165
		Positiva	,165
		Negativa	-,125
	Z de Kolmogorov-Smirnov		,436
	Sig. asintót. (bilateral)		,991
Nivel 2	N		10
Bronce y Cobre	Parámetros normales(a,b)	Media	34,20
		Desviación típica	3,910
	Diferencias más extremas	Absoluta	,220
		Positiva	,220
		Negativa	-,179
	Z de Kolmogorov-Smirnov		,697
	Sig. asintót. (bilateral)		,716

a La distribución de contraste es la Normal.
b Se han calculado a partir de los datos.

Una vez contrastada la normalidad de los datos, se ha procedido a realizar la prueba T para muestras independientes entre ambos niveles para cada una de las variables (Tablas 6.VIII y 6.IX).

Tabla 6.VIII. Estadísticos de grupo

	Niveles Indicador Sintético	N	Media	Desviación típ.	Error típ. de la media
Práctica deportiva	Nivel 1	7	39,57	3,457	1,307
	Nivel 2	10	34,20	3,910	1,236

Tabla 6.IX. Prueba de muestras independientes

	Prueba de Levene para la igualdad de varianzas		Prueba T para la igualdad de medias						
	F	Sig.	t	gl	Sig. (bilateral)	Diferencia de medias	Error típ. de la diferencia	95% Intervalo de confianza para la diferencia	
								Inferior	Superior
Práctica deportiva	,001	,982	2,918	15	,011	5,371	1,841	1,448	9,295

El análisis estadístico arroja diferencias significativas entre ambos niveles (Nivel 1 y 2) en la variable de Práctica Deportiva en el año 2005, para $\alpha = 0,05$; ya que se obtiene una T de Student de 2,918 con una significatividad bilateral de 0,011 (Tabla 6.IX).

De modo que al analizar los estadísticos de grupo, observamos que las Comunidades Autónomas del Nivel 1 (Niveles Oro y Plata) tienen una mayor práctica deportiva en su población, de forma significativa, que las Comunidades Autónomas del Nivel 2 (Niveles Bronce y Cobre) (Figura 6.8).

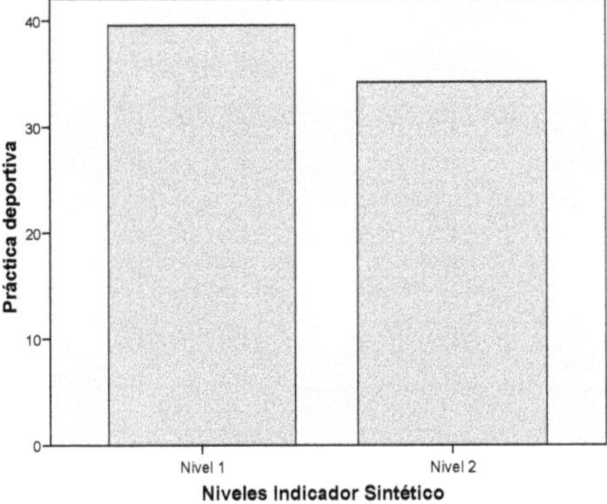

Figura 6.8. Comparación de medias en los niveles en la variable Práctica Deportiva

Por tanto, en la variable *Práctica Deportiva*, las Comunidades Autónomas, los resultados obtenidos nos indican que existen diferencias significativas entre ambos niveles, siendo favorable en todos los casos a las Comunidades de los Niveles de Oro y Plata, con una mejor dotación de infraestructuras deportivas, en función del ISID, que las Comunidades de los Niveles Bronce y Cobre.

6.5.2 Análisis de regresión múltiple de la práctica deportiva en función de las variables propuestas

La tabla 6.X, de correlaciones, muestran que el porcentaje de práctica deportiva tiene una correlación positiva con las variables 5 (metros cuadrados de lámina de agua por habitantes) y 15 (metros cuadrados de espacios deportivos por superficie de extensión regional). Es decir, se demuestra que la práctica de actividad física aumenta significativamente en las Comunidades Autónomas con mayor lámina cubierta por habitante, y también en las que tienen más metros cuadrados de espacio deportivo por superficie regional.

Tabla 6.X. Correlaciones entre la variable práctica deportiva y las variables independientes

	Z1	Z2	Z3	Z4	Z5	Z6	Z7	Z8	Z9	Z10	Z11	Z12	Z13	Z14	Z15
Práctica Deportiva					*(+)										*(+)

De este modo, se ha encontrado un modelo, mediante el análisis de regresión múltiple de las variables, de manera que se puede estudiar la dependencia del porcentaje de actividad deportiva con respecto a las variables del ISID (1-15) mediante el siguiente cálculo (Tabla 6.XI).

Tabla 6.XI. Modelo de análisis de regresión múltiple de la práctica deportiva y las variables independientes

Multiple Regression Analysis

Dependent variable: Y6

Parameter	Estimate	Standard Error	T Statistic	P-Value
CONSTANT	36,4164	0,585615	62,1849	0,0000
Z6	1,87309	0,853488	2,19463	0,0486
Z4	-3,69931	1,23499	-2,99542	0,0112
Z5	5,77745	1,24628	4,63577	0,0006
Z15	3,03116	0,856133	3,54053	0,0041

Analysis of Variance

Source	Sum of Squares	Df	Mean Square	F-Ratio	P-Value
Model	258,157	4	64,5393	11,07	0,0005
Residual	69,9605	12	5,83004		
Total (Corr.)	328,118	16			

R-squared = 78,6782 percent
R-squared (adjusted for d.f.) = 71,571 percent
Standard Error of Est. = 2,41455
Mean absolute error = 1,83665
Durbin-Watson statistic = 1,7095 (P=0,3128)
Lag 1 residual autocorrelation = 0,0492885

El modelo muestra que las variables de las instalaciones deportivas que influyen de manera significativa en la actividad física de la población son: la variable 4 (*Piscinas cubiertas por habitante*); la variable 5 (*Lámina de agua cubierta por habitante*); la variable 6 (*Edad media de las instalaciones*) y la variable 15 (*Metros cuadrados de espacio deportivo por superficie regional*) (Figura 6.9.).

$$\text{Práctica Deportiva} = 36{,}4164 - 3{,}69931\, Z_4 + 5{,}77745\, Z_5 + 1{,}87309\, Z_6 + 3{,}03116\, Z_{15}$$

Figura 6.9. Modelo de dependencia de la Práctica Deportiva según las variables del ISID

Este modelo tiene un coeficiente de correlación R^2=78,67. El modelo no presenta falta de ajuste, con un 95% de confianza. Los residuos no presentan correlación significativa, por lo que el modelo ya no admite mejorías apreciables. Todos los coeficientes que se incluyen son significativos. Ninguna de las interacciones entre variables ejerce un efecto significativo sobre la variable dependiente. Se ha encontrado un modelo que explica que en las Comunidades Autónomas donde es mayor la edad media de las instalaciones, es mayor el valor de lámina cubierta por habitante y hay más metros cuadrados por superficie regional, se observa un mayor porcentaje de actividad física de la población.

Aparentemente los datos que se muestran en la variable 4, de piscinas cubiertas por habitante, ejerce un efecto negativo sobre el porcentaje de práctica deportiva, pero se advierte que casi todos los valores de la variable 4 son negativos (es decir, por debajo de la media), ya que el valor correspondiente a la Comunidad Autónoma de Baleares, es extremadamente alto, en comparación con la media.

Una vez aceptado este modelo, debe descodificarse, mediante la misma fórmula que se utilizó para generar los valore de las variables en puntuaciones Z, de forma que se obtenga una dependencia entre variables reales. Para esto se necesitan los datos de las medias y desviaciones típicas de las 4 variables implicadas que se expone a continuación (Tabla 6.XII).

Tabla 6.XII. Medias y desviaciones típicas de las variables del modelo

Variable	Media	Desviación Standard
4	0.719492	0.659407
5	0.0144799	0.00747985
6	17.2118	1.21047
15	0.638884	0.589895

6.5.3 Análisis de regresión múltiple de la práctica deportiva en función de los indicadores sintéticos parciales

Como se observa en la tabla 6.XIII de correlaciones, el porcentaje de práctica deportiva solamente se relaciona de manera significativa con el indicador parcial de densidad. Esto significa que los resultados obtenidos por las Comunidades en el indicador de densidad de las instalaciones deportivas, nos ofrecen una medida excelente de cómo se comporta la actividad física de su población.

Tabla 6.XIII. Correlaciones entre la variable Práctica Deportiva y los indicadores parciales

	IP	IC	ID
Práctica Deportiva			*(+)

Los otros indicadores introducen ruidos en el modelo y no tienen probabilidades de rechazo válidas para ser aceptados con un 95% de confianza, de forma individual o conjunta. Por consiguiente, la mejor matriz que se obtiene es un modelo de tipo exponencial. Se ha probado con otro tipo de modelos (neperianos, lineales, etc.) pero no se obtienen mejoras significativas, ya que los residuos no presentan correlaciones apreciables (Figura 6.10.).

Práctica Deportiva = EXP (3,58768 + 0,0207691 ID)

Figura 6.10. Modelo de dependencia de la Práctica Deportiva según el Indicador de Densidad

Este modelo presenta con un coeficiente de correlación de 0,4907, que indica que no existe un comportamiento uniforme en todas las Comunidades Autónomas, y que, por tanto, merece la pena analizar y realizar una caracterización de cada una de ellas, estudiando sus particularidades por separado. Estos se observa en el modelo ajustado de la figura 6.11.:

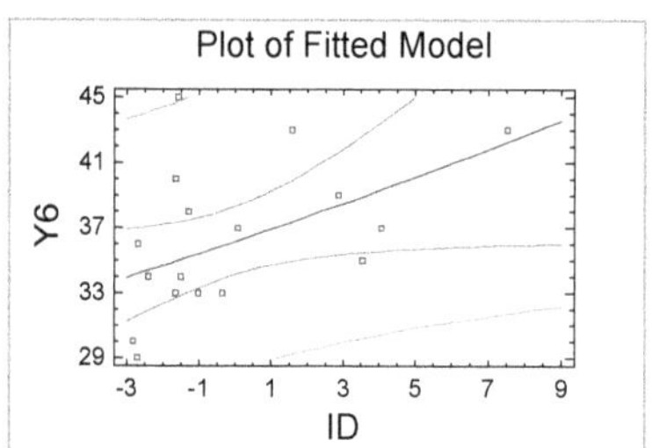

Figura 6.11. Modelo ajustado de la Práctica Deportiva y el Indicador Densidad

La siguiente tabla 6.XIV muestra las pruebas de calidad aplicadas al modelo.

Tabla 6.XIV. Modelo de análisis de regresión múltiple de la práctica deportiva y el indicador densidad

```
Regression Analysis - Exponential model: Y = exp(a + b*X)
-----------------------------------------------------------------------------
Dependent variable: Y6
Independent variable: ID
-----------------------------------------------------------------------------
                     Standard          T
Parameter     Estimate        Error     Statistic       P-Value
-----------------------------------------------------------------------------
Intercept      3,58768     0,0269514       133,117        0,0000
Slope        0,0207691    0,00947108        2,1929        0,0445
-----------------------------------------------------------------------------


                 Analysis of Variance
-----------------------------------------------------------------------------
Source          Sum of Squares    Df  Mean Square   F-Ratio      P-Value
-----------------------------------------------------------------------------
Model                0,0593808     1    0,0593808      4,81       0,0445
Residual              0,185226    15    0,0123484
-----------------------------------------------------------------------------
Total (Corr.)         0,244607    16

Correlation Coefficient = 0,492707
R-squared = 24,276 percent
R-squared (adjusted for d.f.) = 19,2278 percent
Standard Error of Est. = 0,111123
Mean absolute error = 0,0836418
Durbin-Watson statistic = 1,84104 (P=0,3732)
Lag 1 residual autocorrelation = 0,0212874
```

6.6 Contraste de Hipótesis

H. 1. ***Las Comunidades Autónomas presentan grandes diferencias entre sí en relación a su infraestructura deportiva.***

La primera hipótesis queda confirmada.

H. 2. ***Existen diferencias significativas en cuanto a la Práctica Deportiva de la población, y las Comunidades Autónomas, según su nivel en el ISID, siendo mayor la práctica deportiva de la población en las Comunidades con mejor nivel de ISID.***

La segunda hipótesis queda confirmada.

H. 3. ***La Práctica Deportiva de la población de las Comunidades Autónomas puede ser pronosticada mediante un modelo lineal en base a los datos ofrecidos por las instalaciones deportivas.***

La tercera hipótesis queda confirmada.

PARTE III:

DISCUSIÓN Y CONCLUSIONES DE LA INVESTIGACIÓN

7. DISCUSIÓN

Las Comunidades Autónomas presentan grandes diferencias en sus instalaciones deportivas, al compararlas entre sí, fruto de las diferentes políticas, culturas deportivas y realidades sociales que presentan y han presentado en los últimos tiempos. Pero a pesar de que ninguna de ellas partía desde cero, hemos de destacar el papel desarrollado por algunas de estas Comunidades sobre otras en el ejercicio de su autonomía y sus competencias en materia deportiva.

El boom en la construcción de instalaciones deportivas ha coincidido con el inicio de las competencias deportivas por parte de las autoridades regionales, tal y como reflejan los datos del CNID-2005, pero encontramos bastante disparidad a la hora de la planificación de estas instalaciones deportivas en función de parámetros como la población potencial, la calidad de la instalación, y la homogeneización de las mismas por el territorio regional.

Por tanto el primer parámetro en la gestión deportiva de instalaciones es la planificación; es decir, qué queremos, qué necesitamos, qué tenemos, qué fases, en qué momento nos encontramos, qué población y de qué tipo existe, qué costumbres, que aficiones, qué tradiciones. Posteriormente, el segundo parámetro es fijar el programa de necesidades, es decir, qué es lo que vamos a proyectar, de qué manera, y en qué fases de tiempo y orden.

> "*Los Censos de Instalaciones Deportivas son, por tanto, muy necesarios y nos pueden ayudar mucho en nuestras premisas de partida y toma de decisiones. ¿Por qué repetir lo que ya tenemos, aunque momentáneamente se encuentre en mal estado?*" (Beotas, 2006; p.87)

Analizando los resultados de los Indicadores parciales, vemos que una buena situación en uno de éstos, no asegura presentar unas buenas condiciones en el resto de indicadores, como ocurre, por ejemplo, en el caso de Castilla y León (en Población) y

Madrid (en Densidad), que en un indicador alcanzan un gran resultado, pero sin embargo en los otros dos obtienen una posición desfavorable.

Los resultados del *Indicador Población* nos indican que las Comunidades Autónomas pueden mejorar incrementando sus valores en las variables relacionadas con las instalaciones deportivas y los habitantes, superficie de m^2 y la creación de nuevos tipos de instalaciones deportivas, para adaptarse y transformarse según las nuevas exigencias del sector. Principalmente, éste es uno de los parámetros más utilizados a la hora de realizar los planes directores de instalaciones deportivas, puesto que, generalmente, se ha construido nuevos espacios deportivos en función de la población potencial que pudiera hacer uso de ellos. Un escaso número de espacios y de superficie deportiva por habitante, se traduce en menores posibilidades de práctica deportiva de la población, además de un exceso de usuarios en los espacios, que dificultan el confort en la participación de las actividades.

Los expertos consideraron a las piscinas cubiertas como la instalación con mayores posibilidades de uso, beneficio económico, complejidad de gestión y aceptación por parte de la población; por lo que se incluyeron dos variables de gran importancia para el conjunto del indicador, como son el número de piscinas cubiertas por habitantes y de lámina de agua cubierta. Ya en 1998, Trianti-Stourna *et al.*, apuntaron a las piscinas cubiertas como el segundo tipo más popular de instalación deportiva, siendo en la encuesta de hábitos deportivos españoles de 2005 la que destaca por encima todas las demás instalaciones, con un 54% de necesidad de construcción según la población, además de ser la Natación (sobre todo recreativa) el deporte más practicado en España (García Ferrando, 2006).

Debemos presentar especial atención al *Indicador Calidad*, por la especial relevancia que contienen sus variables (que suponen el 46,67% de la valoración del ISID) que más allá de mostrar la disponibilidad de más o menos infraestructuras en relación con la población o la superficie regional, nos informa sobre los aspectos vitales de la instalación deportiva, como es la accesibilidad, el estado del pavimento o la existencia de espacios complementarios, cruciales para la correcta prestación de los servicios deportivos. Desde el diseño inicial, las instalaciones deben ser concebidas para producir experiencias placenteras en el usuario.

El pavimento en buen estado es uno de los ejes para conseguir que la población disfrute con la actividad física. Este es un buen indicador tanto del grado de conservación y mantenimiento que se acomete en las instalaciones deportivas por los responsables, como de la remodelación de espacios deportivos, cuando dejan de ser apto para una práctica deportiva de calidad; máxime cuando se ha demostrado que el buen estado del pavimento correlaciona positivamente con la práctica deportiva de la población (Gallardo, 2007).

A pesar del grado de aceptación social que disfrutan las personas con discapacidad y movilidad reducida, y su impulso para la integración desde los programas deportivos, las instalaciones deportivas se encuentran todavía lejos de lo que la normativa vigente contempla en cuanto a accesibilidad a las mismas. Este aspecto discriminatorio es hoy en día una realidad, con demasiada incidencia en algunas de las Comunidades Autónomas estudiadas. Lograr un buen nivel de accesibilidad a las instalaciones deportivas (lo que se concreta con el pleno acceso a todas las instalaciones y espacios deportivos) incide en que buena parte de la población con problemas de movilidad, como es la tercera edad, tenga la posibilidad de acudir a las instalaciones a practicar actividades. Y no sólo lo referido a la accesibilidad a la instalación, sino que también es muy importante para el éxito de la misma una adecuada elección del sitio, la cercanía a la población, una buena comunicación y acceso, tanto para en uso diario, de fin de semana, o vacacional.

En los tiempos en que vivimos también es importante destacar la utilización de energías renovables, de forma que se contribuya a un desarrollo sostenible con el medio ambiente. Por todo esto, aquellas Comunidades Autónomas que ocupan posiciones desfavorables en este indicador deberían reaccionar ante estos datos y tratar de progresar en este sentido, además de cumplir con la legislación vigente.

El *Indicador Densidad* muestra como, lógicamente, las Comunidades Autónomas con una mayor superficie presentan más problemas para conseguir tener una red de instalaciones distribuida en todo su territorio. Así, advertimos como algunas Comunidades Autónomas que ocupan las últimas posiciones, son las más grandes del territorio español, con dos excepciones: la positiva de Cataluña, que con una gran extensión ocupa una buena posición, y la negativa de La Rioja, que siendo la segunda región de España con menos extensión, se encuentra en una situación poco favorable en este apartado. Es una dificultad que afecta a la mayoría de Comunidades Autónomas (11 Comunidades Autónomas se encuentran por debajo de la media), y no sólo a las grandes de extensión sino también a otras de distinta extensión, siendo estas Administraciones las que deberán entender e interpretar las causas particulares de estos resultados que se presentan.

Es destacable que las Comunidades Autónomas donde su principal y mayor actividad económica procede del turismo (con el mayor índice de turismo internacional del país), como son Baleares y Canarias, se encuentren ambas en el Nivel Oro, ocupan dos de los tres primeros puestos. Aunque es significativo que Baleares posee la mayor dotación de instalaciones por habitante, aunque escasa superficie deportiva por habitante en comparación con las demás regiones, esta Comunidad, al igual que Canarias, parecen haber encontrado en el turismo deportivo una gran inversión, tanto económica como saludable, para ofrecer a su población, y al visitante.

De este modo, atendiendo a una valoración global, resumida en el ISID, y la clasificación por niveles que ha realizado el grupo de expertos, éstos consideran que disponer de una excelente dotación de infraestructuras deportivas al Nivel Oro, y buena dotación al Nivel Plata; hecho que demuestra que incide de forma positiva en el aumento de la práctica deportiva de la población; frente a un nivel de instalaciones deportivas con claras perspectivas de mejora (Nivel Bronce y Nivel Cobre). Se confirma, pues, la influencia que ejercen las instalaciones deportivas en la posterior actividad física y hábitos saludables de la población.

La sociedad demanda el diseño de nuevos espacios en las ciudades como, espacios para caminar o para montar en bicicleta, lo cual se encuentra directamente relacionado con las demandas surgidas de la práctica de otras actividades que realiza la población, como puede ser el "ir de compras" o "salir a caminar" (Hoehner *et al.*, 2003).

Para provocar cambios de comportamiento y promoción de la salud en los ciudadanos se ha de realizar a través de acciones que influyan en los intereses individuales, comunitarios, interpersonales, organizacionales, en las diversas políticas y que exista una relación de influencia recíproca entre cada una de ellas (Stokols, 1996). A través de la colaboración mutua de todos los estamentos, los expertos podrán desarrollar una guía que sirva como modelo para diseñar ciudades y regiones dentro de un contexto pensado para el desarrollo de la promoción de la actividad física y la salud (Hoehner *et al.*, 2003).

Entendemos que los cambios en el entorno físico también solicitan ser apoyados y de forma conjunta, por cambios educacionales. Cuando estos cambios se hacen de forma unida, se obtienen resultados más satisfactorios en la consecución de conductas más saludables de la población que las intervenciones de forma individual (Stahl *et al.*, 2001). Otros aspectos a importantes a valorar son las experiencias personales que tengan los clientes en las instalaciones deportivas, además de las características propias de la instalación deportiva en general como son: el coste, la apariencia, el confort y la percepción de sus usuarios y del personal, etc. (Corti *et al.*, 1995; Corti *et al.*, 1996).

Tal y como advertían diversos autores (Diez-Roux *et al.*, 2000; Giles-Corti y Donovan, 2002a; 2002b; Hillsdon *et al.*, 2007; Van Lenthe *et al.*, 2005); parte de las Comunidades Autónomas con mayor riqueza por habitante se encuentran también en los primeros puestos del ISID. Por tanto, estas Comunidades Autónomas tienen mayores posibilidades de ofrecer una mejor dotación de equipamientos deportivos a sus ciudadanos y poder aumentar la práctica deportiva. Pero también es destacable que, algunas Comunidades, como por ejemplo Madrid, con la mayor Renta per cápita de España, y muy superior a la media europea, se encuentra en el furgón de cola en cuanto a instalaciones deportivas se refiere. Significando que, son necesarias también, políticas deportivas serias, bien orientadas y planificadas en torno a las instalaciones deportivas, que permitan gestionar de manera eficiente y eficaz, el poder económico de las Comunidades. Es vital conocer los medios económicos con los que se cuentan para aplicar correctamente el gasto a la verdad del coste de lo proyectado así como los organismos que nos pueden ayudar, incluso técnicamente (Beotas, 2006).

En los últimos diez años, las perspectivas del deporte han cambiado; ya no sólo se busca que las instalaciones deportivas ofrezcan salud, sino que también éstas, deben satisfacer otras necesidades, como es el del entretenimiento. Muchas de estas nuevas instalaciones deportivas contienen características y áreas especiales como áreas de lujo, asientos reservados para VIPs, piscinas, restaurantes, hoteles, parques temáticos con atracciones que hacen, de algunas instalaciones deportivas, verdaderos centros de entretenimiento y diversión (Coates y Humphreys, 2003). De este modo, apoyando las tesis de Gallardo (2006) tanto las Administraciones como las empresas del sector deben seleccionar a los mejores profesionales en este campo, para rentabilizar al máximo tanto económicamente y como socialmente los productos y servicios del deporte referentes a la instalación deportiva.

Los modelos lineales multivariantes encontrados que relacionan la actividad física y las variables e indicadores del ISID, nos muestran la incidencia y dependencia existente entre las instalaciones deportivas y la práctica deportiva de la población; aunque, si bien es cierto, es un modelo que a pesar de lograr describir el 80% de las variaciones de la práctica deportiva en las Comunidades Autónomas (en el caso de las variables), está realizado con datos del año 2005, por lo que se deberá de comprobar su continuidad durante las futuras actualizaciones de estos datos. No obstante es importante destacar que se ha encontrado un modelo de alta calidad y bajo rechazo, por lo que puede ser utilizado como medida de control y planificación para las autoridades deportivas.

8. CONCLUSIONES DEL ESTUDIO

8.1 Conclusiones

A lo largo de todo el estudio, del análisis de los resultados y de la discusión de los mismos, se han realizado numerosas conclusiones, las cuales, en un afán de sintetizar aquéllas más relevantes, se presentan a continuación:

- El Censo Nacional de Instalaciones Deportivas, debe convertirse en el punto de partida para realizar una nueva planificación coherente y razonable en cuanto a las infraestructuras deportivas en España. Se deben desarrollar políticas que posibiliten el perfeccionamiento e impulso de directrices y líneas de actuación para reequilibrar las posibles desigualdades territoriales, adecuar las demandas de actividad física y deporte a la utilización de los espacios deportivos, y modernizar y adaptar las instalaciones deportivas a los requerimientos actuales.

- Se ha mostrado que existe una diferente distribución en España en relación a las instalaciones deportivas y aunque en los últimos años la infraestructura deportiva ha crecido a nivel general, todavía existe un claro predominio de algunas Comunidades Autónomas sobre otras en este apartado.

- Como también se ha detallado y explicado, a través de estos 3 Indicadores se muestra que, en este momento, se debe prestar más atención en mejorar algunos aspectos cualitativos de las instalaciones deportivas que arrojan ciertas carencias, como es el caso de incrementar las dotaciones de determinados espacios complementarios, la eliminación de las barreras arquitectónicas existentes, así como de aplicar una gestión hacia la calidad total en todas las instalaciones deportivas públicas y privadas, incorporando los conceptos de sostenibilidad y de uso de energías renovables.

- Las Comunidades Autónomas con una mejor dotación de instalaciones deportivas, obtienen mejores resultados en aspectos importantes para la salud de la sociedad como es una mayor práctica deportiva de su población. Pero sólo construir más espacios, no traerá consigo un aumento directo de práctica. Esto debe ir unido a otros hechos que sirvan de ayuda y reflexión a la población para generar conductas saludables. Es necesario invertir, además, en otros pilares básicos, como la formación y educación para la salud, junto con la oferta de buenas cartas de servicios deportivos, facilidad de acceso a las instalaciones y espacios deportivos, así como que los servicios ofertados apuesten por parámetros de calidad.

- Se considera excesivamente cuantioso el capital que se invierte en la construcción de las instalaciones deportivas; por lo que se ha de pensar mucho más en la reconversión de algunas de las instalaciones ya existentes, que en la continua creación de nuevos espacios. De igual modo, no se deben olvidar las actuaciones bajo parámetros de rentabilidad, mantenimiento y sostenibilidad.

- Estos resultados deben servir no sólo para detectar las enormes desigualdades existentes en las diferentes Comunidades Autónomas, fruto de una diferente inversión y gestión en materia de infraestructuras deportivas, sino que también puede servir para reorientar las políticas de planificación constructiva, además de servir como invitación a una reflexión conjunta para atender a dichas carencias.

- En resumen, este análisis nos permite ofrecer una idea de cómo se encuentra la infraestructura deportiva de cada Comunidad Autónoma de España. Las variables e indicadores ofrecen una medida objetiva de cuáles son las deficiencias de cada Región con respecto a las demás, y nos ofrece una orientación sobre en qué deben centrar su atención los Gobiernos Autonómicos para reorientarse hacia una planificación acorde para que se recoja en los futuros planes de instalaciones deportivas. Puede y pretende ser este estudio, el punto de partida para futuras investigaciones que permitan comparar estos resultados de forma longitudinal, así como analizar los cambios que acontezcan en el entorno socio-deportivo, fruto de las nuevas demandas de actividades y espacios deportivos.

8.2 Limitaciones y posibles líneas de investigación

8.2.1 Limitaciones del estudio

Este estudio se encuentra limitado principalmente por la falta de actualización permanente de los datos, tanto de las instalaciones deportivas, como de la práctica de actividad físico-deportiva de la población española.

Esto nos impide conocer la situación real de hoy, derivándonos atrás en el tiempo casi tres años (finales de 2005), con la gran cantidad de cambios y evoluciones que se sufren y suceden año a año en el contexto social, económico y deportivo, de nuestra sociedad globalizada. Remitirnos al contexto existente a la conclusión del año 2005 en España, en el que nos encontrábamos aún ascendiendo hacia el cenit de la economía de los últimos años (con un crecimiento de la riqueza superior a las demás potencias europeas), donde no existía ni un ápice de recesión en el sector inmobiliario, la reducción del paro continuaba mes a mes, y las materia primas, como el petróleo, se encontraban en precios estables, tiene muy poco que ver con la situación actual.

Desde entonces, se han construido una cantidad ingente de instalaciones deportivas, sobre todo referidos a las piscinas cubiertas y campos de césped artificial, y a pesar del aumento generalizado de población en todas las Comunidades Autónomas, todo ello nos hace presuponer una variación en los datos analizados de este estudio.

Por otra parte, la influencia de las corporaciones locales como las Diputaciones Provinciales en la promoción deportiva, complementan el esfuerzo inversor de la Administración regional, cada día con mayor intensidad. Un ejemplo de esto lo encontramos en la Diputación de Cuenca, que está propiciando la creación de consorcios comarcales para de esta forma, superar el criterio poblacional del plan regional de instalaciones deportivas, y acceder a piscinas cubiertas en distintas comarcas, aportando el 50% de la financiación. Puede que un análisis pormenorizado por provincias, aumentando el número de casos hasta 52, nos ofrezca con más detalle la situación que tiene la población para acceder a la actividad física. En cambio, necesitaríamos datos provinciales de práctica deportiva, los cuales no se encuentran segmentados aún.

Finalmente, la escasa/inexistente publicación de censos de instalaciones deportivas de otros países, unido a la todavía joven tradición española, y la nueva concepción de espacios deportivos que propone el CNID-2005, nos impide realizar un análisis más profundo, imposibilitando las comparaciones en sentido transversal en el contexto internacional, y una mayor especificidad en estudios longitudinales de España.

8.2.2 Futuras líneas de investigación

La investigación es un proceso de constante exploración y descubrimiento, por lo que es muy probable que puedan plantearse estudios similares a éste o que tengan alguna relación. Por este motivo, y basándose en los precedentes que facilita este estudio, se indican unas posibles líneas de investigación futuras.

1. Avanzar en el desarrollo del indicador sintético ISID. La clasificación propuesta por el ISID de las Comunidades Autónomas referente a sus instalaciones deportivas, puede tener relación, al igual que con la práctica deportiva, con aspectos tales como la situación económica de las regiones (renta per cápita, paro registrado, actividad económica, actividad turística, cuota de mercado, etc.). Su análisis puede ser una de las investigaciones futuras.
2. La comparación de forma longitudinal de los datos en los sucesivos CNID, podría ofrecernos una visión global de cómo ha evolucionado el panorama deportivo.
3. La elaboración de otros indicadores y herramientas que permitan a los técnicos una mejor planificación de la infraestructura deportiva, a través de los datos obtenidos por los CNID.
4. El análisis detallado de la situación en las Comunidades Autónomas en relación a las instalaciones y espacios deportivos con mayor demanda en la sociedad actual, como son las piscinas cubiertas y los campos de césped artificial, pueden ayudar a conocer qué contextos se encuentran más adaptados para hacer frente a las nuevas necesidades.

9. REFERENCIAS BIBLIOGRÁFICAS

9. REFERENCIAS BIBLIOGRÁFICAS

AFPgrupo. (2002). *El Impacto económico de las Instalaciones deportivas en España.* Zaragoza.

Albi, E., González-Páramo, J. M. y López, G. (2002). *Gestión pública: fundamentos, técnicas y casos.* Barcelona: Ariel.

Álvarez, J. A., Vicent, M. D., Salamanca, J. M., Pérez, F. y Carrasco, M. (2003). El tutor y la tutoría en el proceso de formación de especialistas sanitarios en la comunidad de Madrid: Análisis e interpretación mediante grupos focales. *Educación Médica, 6*(2), 44-55.

Alonso, E., Ruesgas, S., Saéz, F. y Vicens, J. (1991). Impacto económico del deporte en España. *Revista de Investigación sobre las ciencias de la Educación Física y del Deporte, 18*, 18-35.

Andreff, W. (2001). The correlation between economic underdevelopment and sport. *European Sport Management Quarterly, 1*(4), 251-279.

Andreff, M., Bourg, J. F., Alba, B. y Nys, J. F. (1993). *Les Enjeux Económiques du Sport en Europe: Financiamient et Impact.* Committee for the Development of Sport. Consejo de Europa.

Andreff, W. y Webwer, W. (1995). *Economy: The significance for sport for society-health, socialisation, economy.* Committee for the Development of Sport. Consejo de Europa.

Andrews, G. J., Sudwell, M. I. y Sparkes, A. C. (2005). Towards a geography of fitness: an ethnographic case study of the gym in British bodybuilding culture. *Social Science & Medicine, 60*(4), 877-891.

Añó, V. y Martínez-Tur, V. (1997). Conductas de práctica deportiva y uso de instalaciones deportivas en función del tipo de práctica. *Revista Psicología del deporte, 11*, 7-20.

Añó, V., Ramos, J. y Martínez-Tur, V. (1997). Conductas de práctica deportiva y uso de instalaciones. Diferencias en función del tipo de práctica. *Revista de Psicología del Deporte, 11*, 7-20.

Área d'Esports. (1996). 2ª Enquesta sobre els hàbits esportius de la població barcelonina, 1995, *En R. Sánchez (ed.): La actividad física y el deporte en un contexto democrático, 1976-1996* (pp. 345-360): Pamplona: AEISAD.

Arévalo, M. (2006). *Las fundaciones deportivas españolas.* Tesis Doctoral sin publicar, Universidad de Alcalá, Guadalajara.

Arroyo, A. (1993). Participación Municipal en la renovación de la Política Deportiva de la Comunidad de Madrid. *Dirección Deportiva, 57*, 5-9.

Atero, C., Leiva, M., Gallego, C. y Cadenas, C. (2003). *Dirección y gestión de centros deportivos.* Madrid: Dirección General de Deportes de la Comunidad de Madrid.

Bale, J. (2001). *Sport, place and the city.* London: Routledge.

Bale, J. y Moen, O. (Eds.). (1995). *The stadium and the city.* Keele: Keele University Press.

Ball, K., Bauman, A., Leslie, E. y Owen, N. (2001). Perceived enviromental aesthetics and convenience and company are associated with walking for exercise among Australian adults. *Preventive Medicine, 33*, 434-440.

Baranda, L. (1995). *Enquesta sobre la pràctica d'activitats físico-esportives a Catalunya.* Barcelona: Secretaria General de l'Esport.

Barroso, C. (2000). *Marketing relacional.* Madrid: Esic.

Batlle, A. (2000). Las instituciones supramunicipales: Visión institucional del futuro de la actuación deportiva. Actas del *1er Congreso de Gestión Deportiva de Cataluña*. Barcelona: Inde.

Bauman, A. (2004). Updating the evidence that physical activity is good for health: an epidemiological review 2000–2003. *Journal of Science and Medicine in Sport, 7*(1), 6-19.

Beotas, E. (2006). Panorama de las infraestructuras deportivas. En E. Beotas, E. Blanco, J. C. Cubeiro, A. Dorado, L. Gallardo, J. Lozano, D. Marín-Barnuevo, S. Ortega, F. J. Ramírez y A. Senlle (Eds.), *Futuras claves en la Gestión de Organizaciones Deportivas* (pp. 67-78). Cuenca: Universidad de Castilla-La Mancha y Real Federación Española Fútbol.

Blanco, E. (2003). El deporte como demande social, *Actas del VII Congreso de Deporte para Todos* (pp. 11-26). Madrid: INEF y Asociación Española de Deporte para Todos.

Blanco, E. (2006). *Censo Nacional de Instalaciones Deportivas 2005. Galicia*. Madrid: Consejo Superior de Deportes. Ministerio de Educación y Ciencia.

Blanco, E., Burriel, J. C., Camps, A., Carretero, J. L., Landaberea, J. A. y Montes, V. (1999). *Manual de organización institucional del deporte*. Barcelona: Paidotribo.

Booth, M. L., Owen, N., Bauman, A., Clavisi, O. y Leslie, E. (2000). Social-cognitive and perceived environmental influences associated with physical activity in older Australians. *Preventive Medicine, 31*, 15-22.

Brach, J. S., Simonsick, E. M., Kritchevsky, S., Yaffe, K. y Newman, A. B. (2004). The association between physical function and lifestyle activity and exercise in the health, aging and body composition study. *Journal of the American Geriatrics Society, 52*(4), 502-509.

Bressel, E. y Larson, B. J. (2003). Bicycle seat designs and their effect on pelvic angle, trunk angle, and comfort. *Medicine and Science in Sports and Exercise, 35*(2), 327-332.

Brownson, R. C., Baker, E. A., Houseman, R. A., Brennan, L. K. y Bacak, S. J. (2001). Environmental and policy determinants of physical activity in the United States. *American Journal of Public Health, 91*, 1995-2003.

Burillo, P., García Tascón, M., Gallardo, A. y Gallardo, L. (2008). Césped Artificial. La revolución del pavimento deportivo. *Revista Deporte y Gestión de Madrid, 17*, 21-23.

Burriel, J. C. (1991). *Perspectivas en el diseño de las políticas deportivas municipales.* Conferencia presentada en I Congreso Estatal de Políticas Deportivas e Investigación Social. Pamplona: Instituto Navarro del Deporte y Juventud.

Burriel, J. C. y Burriel, P. (1994). Análisis y diagnóstico del sistema deportivo local: Punto de partida para el diseño de políticas deportivas municipales. *Apunts de Educación Física y Deportes, 36*, 38-45.

Burton, E. (2003). Housing for an Urban Renaissance: Implications for Social Equity. *Housing Studies, 18*(4), 537-562.

Cabrera, T. (1997). *Un modelo para la evaluación de las políticas deportivas municipales. Conceptualización y aplicación empírica.* Ciencias Económicas y Empresariales, Las Palmas.

Cagigal, J. M. (1975). *El deporte en la sociedad actual.* Madrid: Prensa Española y Magisterio Español.

Cagigal, J. M. (1981). *¡Oh Deporte! Anatomía de un gigante*. Valladolid: Miñón.

Cañellas, A. y Rovira, J. (1995). Los hábitos deportivos de la población adulta barcelonesa (15 a 59 años). *Apunts de Educación Física y Deportes, 42*, 75-79.

Carretero, J. L. (1992). *Derecho del Deporte. El nuevo marco legal. Introducción.* Málaga: Unisport, Deporte y Documentación.

Cavnar, M. M., Kirtland, K. A., Evans, M. H., Wilson, D. K., Williams, J. E., Mixon, G. M., *et al.* (2004). Evaluating the quality of recreation facilities: development of an assessment tool. *Journal of Park and Recreation Administration, 22*(1), 96-114.

Cazorla, L. M. y García, M. R. (2003). *Código del deporte*. Pamplona: Aranzadi.

Cecilio, R. (1996). Modelos de gestión deportiva municipal. *SEAE-INFO, 36*, 37-42.

Cecilio, R. (2000). *Planes de calidad en un centro deportivo. Jornadas sobre gestión y administración del deporte local.* Cuenca: Junta de Comunidades de Castilla-La Mancha. Consejería de Educación y Cultura.

Celma, J. (2000). Aproximación al proceso de la actuación deportiva municipal y sus perspectivas de futuro, *I Congreso de Gestión Deportiva de Cataluña* (pp. 65-69). Zaragoza: Inde.

Celma, J. (2002). *Evolución del deporte, su gestión y perspectivas de futuro. Encuentro de deporte regional: Deporte y Municipio.* Cuenca: Junta de Comunidades de Castilla-La Mancha. Consejería de Educación y Cultura.

CENID. (1986). *I Censo Nacional de Instalaciones Deportivas.* Madrid: Ministerio de Educación y Ciencia. Consejo Superior de Deportes.

Clark, D. A. (2005). Sen's capability approach and the many spaces of human well-being. *Journal of Development Studies, 41*(8), 1339-1368.

Clearing House (1993). Las instalaciones deportivas de ocio. Nuevos desafíos para la planificación y para la arquitectura. *Boletín de Información Deportiva, 33*, 25-36.

Coates, D. y Humphreys, B. R. (2003). Professional Sports Facilities, Franchises and Urban Economic Development. *UMBC Economics Department Working Paper, 03*(103), 1-23.

COI. (2005). *Manual sobre deporte y medio ambiente.* Lausanne: Comité Olímpico Internacional.

Colás, M. P. (1992). Los métodos descriptivos. En M. P. Colás y L. Buendía (Eds.), *Investigación educativa* (pp. 177-200). Sevilla: Alfar.

Consejo Escolar del Estado. (2000). *Informe sobre el estado y situación del sistema educativo.* Madrid: Ministerio de Educación, Cultura y Deporte.

Correal, J. (2003). *Experiencia sobre implantación del modelo ISO 9000:2000, en Jornadas sobre la gestión de la calidad en las entidades deportivas.* Málaga: Instituto Andaluz del Deporte.

Cortés, R. (2001). *Visión de la gestión del deporte para el nuevo siglo.* Conferencia presentada en Curso de Gestión y Administración del deporte en los ayuntamientos. Villarrobledo (Albacete): Junta de Comunidades de Castilla-La Mancha. Consejería de Educación y Cultura.

Corti, B., Donovan, R. J., Castine, R. M., Holman, C. D. J. y Shilton, T. (1995). Encouraging the sedentary to be active every day: qualitative formative research. *Health Promotion Journal of Australia, 5*, 10-17.

Corti, B., Donovan, R. J. y Holman, C. D. J. (1996). Factors influencing the use of physical activity facilities: results from qualitative research. *Health Promotion Journal of Australia, 6*, 16-21.

Cortina, A. (1999). Ética del consumo: Por un consumo justo y de calidad. *Claves de razón práctica, 97*, 36-42.

Crosby, P. B. (1979). *La calidad no cuesta. El arte de cerciorarse de la calidad.* México: Cecsa.

CSD. (2006). *Normas NIDE. Normativa sobre instalaciones deportivas y para el esparcimiento*. Madrid: Ministerio de Educación y Ciencia. Consejo Superior de Deportes.

CSD/AENOR. (2006). *Recopilación normas UNE sobre superficies deportivas, equipamientos deportivos y equipos de protección, instalaciones para espectadores, iluminación, equipamientos de las áreas de juego.* Madrid: CSD y AENOR.

CSD. (2005). *Manual del Agente censal. Censo 2005*. Madrid: Ministerio de Educación y Ciencia.

Cubeiro, J. C. y Gallardo, L. (2008). *Liderazgo en el Deporte, Liderazgo en la Empresa.* Madrid: LID.

Cunha, L. M. (1997). *O Espaço, o Desporto e o Desenvolvimento*. Lisboa: FMH Ciencias del Deporte.

De Andrés, F. (1997). *La evaluación de la gestión de un centro deportivo*. Madrid: Consejo Superior de Deportes. Federación Española de Municipios y Provincias.

Delgado, C. (1997). *Gestión deportiva municipal.* Madrid: Opade.

Delgado, C. (2000). *Propuesta de prioridades de actuación local en materia de deportes en la actual coyuntura: gestión deportiva municipal.* En VV.AA., *Marco competencial y financiación del deporte en las corporaciones locales* (pp. 74-114). Madrid: FEMP.

De La Plata, N. (2001). *Los servicios públicos deportivos*. Madrid: Cees Ediciones.

Di Lorenzo, T. M., Stucky-Ropp, R. C., Vander Wal, S. J. y Gotham, H. J. (1998). Determinants of exercise among children. II. A longitudinal analysis. *Preventive Medicine, 27*, 470-477.

Diem, C. (1996). *Historia de los deportes*. Barcelona: Luis de Caralt Editor.

Diez-Roux, A. V., Link, B. G. y Northridge, M. E. (2000). A multilevel analysis of income inequality and cardiovascular disease risk factors *Social Science & Medicine, 50*, 673-687.

Dorado, A. (2006). *Análisis de la satisfacción de los usuarios: Hacia un nuevo modelo de gestión basado en la calidad para los servicios deportivos municipales.* Toledo: Consejo Económico y Social de Castilla - La Mancha.

Dorado, A. y Gallardo, L. (2005). *La Gestión del Deporte a través de la Calidad.* Barcelona: Inde.

Duncan, S., Duncan, T., Stryker, L. y Chaumeton, N. (2002). Neighborhood physical activity opportunity: a multilevel contextual model. *Research Quarterly for Exercise and Sport, 73*(4), 457-463.

Durán, J. (1995). Análisis evolutivo del deporte en la sociedad española (1975-1990): hacia una creciente complejidad y heterogeneidad deportiva. *Revista Española de Educación Física y Deportes, 2*(1), 15-24.

Durántez, C. (2004). Historia de las instalaciones deportivas olímpicas. *Ingeniería y territorio, 3*(66), 4-11.

Ecob, R. y Macintyre, S. (2000). Small area variations in health related behaviours; do these depend on the behaviour itself, its measurement, or on personal characteristics? *Health and Place, 6*, 261-274.

Estabrooks, P. A., Lee, R. E. y Gyurcsik, N. C. (2003). Resources for physical activity participation: Does availability and accessibility differ by neighbourhood socioeconomic status? *Annals of Behavioral Medicine, 25*, 100-104.

Eyler, A. A., Brownson, R. C., Bacak, S. J. y Housemann, R. A. (2003). The epidemiology of walking for physical activity in the United States. *Medicine and Science in Sports and Exercise, 35*, 1529-1536.

Fageda, J. (2000). *Evolución del deporte*. El papel del municipio en materia deportiva. En VV.AA., *Guía del Concejal de deportes* (pp. 11-16) Madrid: FEMP.

Fanariotu, I. y Skuras, D. (2004). The Contribution of Scenic Beauty Indicators in Estimating Environmental Welfare Measures: A Case Study. *Social Indicators Research, 65*(2), 145-165.

FEMP. (1989). *V Jornadas de Deporte y Corporaciones Locales*. Madrid: FEMP.

Feser, E. (2005). *Benchmark value chain industry clusters for applied regional research*. Urbana-Champaign: Regional Economics Applications Laboratory. University of Illinois.

Fox, K. R. (1999). The influence of physical activity on mental well-being. *Public Health Nutrition, 2*, 411-418.

Fried, G. (2005). *Managing Sport Facilities*. Champaign, IL: Human Kinetics.

Fulton, J. E., Garg, M., Galuska, D. A., Rattay, K. T. y Caspersen, C. J. (2004). Public health and clinical recommendations for physical activity and physical fitness: special focus on overweight youth. *Sports Medicine, 34*, 581-599.

Gallardo, L. (2001). Modelo de gestión utilizado en los servicios deportivos municipales en Castilla-La Mancha. *Instalaciones Deportivas XXI, 115*, 36-41.

Gallardo, L. (2005). *Los nuevos retos de las instalaciones deportivas*. Madrid: Círculo de gestores deportivos de Madrid- OPADE-Altamarca.

Gallardo, L. (2006). La gestión pública en las organizaciones deportivas. En E. Beotas, E. Blanco, J. C. Cubeiro, A. Dorado, L. Gallardo, J. Lozano, D. Marín-Barnuevo, S. Ortega, F. J. Ramírez y A. Senlle (Eds.), *Futuras claves en la gestión de organizaciones deportivas* (pp. 93-102). Cuenca: Universidad de Castilla-La Mancha y Real Federación Española Fútbol.

Gallardo, L. (2007). *Censo Nacional de Instalaciones Deportivas de España-2005*. Madrid: Consejo Superior de Deportes. Ministerio de Educación y Ciencia.

Gallardo, L. y Jiménez, A. (2004). *La gestión de los servicios deportivos municipales; Vías para la excelencia*. Barcelona: Inde.

Gambau, V. (2002). *Como elaborar un plan de marketing*. Conferencia presentada en Curso sobre marketing deportivo y recursos económicos en el deporte. Albacete: Consejería de Educación y Cultura. Junta de Comunidades de Castilla-La Mancha.

García Ferrando, M. (1982). *Deporte y Sociedad. Las Bases Sociales del Deporte en España*. Madrid: Ministerio de Cultura, Dirección General de Juventud y Promoción Sociocultural.

García Ferrando, M. (1989). *La Oferta Municipal de Deporte para todos en el País Valenciano*. Valencia: Institució Valenciana d'Estudis i Investigació.

García Ferrando, M. (1986). *Hábitos deportivos de los españoles*. Madrid: Ministerio de Educación, Cultura y Deporte, Consejo Superior de Deportes.

García Ferrando, M. (1991*). Los españoles y el deporte (1980-1990). Un análisis sociológico*. Madrid: Ministerio de Educación y Ciencia, Consejo Superior de Deportes, Instituto de Ciencias de la Educación Física y del Deporte.

García Ferrando, M. (1998). Estructura social de la práctica deportiva. En M. García Ferrando, N. Puig y F. Lagardera (Eds.), *Sociología del deporte* (pp. 41-67). Madrid: Alianza Editorial.

García Ferrando, M. (1990). *Aspectos sociales del deporte. Una reflexión sociológica*. Madrid: Alianza Editorial.

García Ferrando, M. (1991). *Los españoles y el deporte (1980-1990). Un análisis sociológico*. Madrid: Consejo Superior de Deportes. Ministerio de Educación y Ciencia.

García Ferrando, M. (1997). *Los españoles y el deporte, 1980-1995*. Valencia: Consejo Superior de Deportes. Tirant lo blanch.

García Ferrando, M. (2000). *El análisis de la realidad social. Métodos y técnicas de investigación* (3ª ed.). Madrid: Alianza Editorial.

García Ferrando, M. (2006). *Posmodernidad y deporte: Entre la individualización y la masificación*. Madrid: Consejo Superior de Deportes.

García Tascón, M. (2007). *Definición y análisis de las nuevas necesidades globales del gestor deportivo español del ámbito público y privado en la gestión de organizaciones deportivas* (Vol. Diploma de Estudios Avanzados: "Educación Física. Nuevas perspectivas"). Toledo: Universidad de Castilla-La Mancha.

García Ferrando, M. y Mestre, J. A. (2002). *Los hábitos deportivos de la población de Valencia (2000)*. Valencia: Fundación Deportiva Municipal, Ayto. de Valencia.

Giese, J. L. y Cote, J. A. (1999). Defining consumer satisfaction. *Academy of Marketing Science Review, 1*, 2-34.

Giralt, C. y López-Jurado, C. (1999). *Enquesta sobre la práctica d'activitats fisicoesportives a Catalunya 1999. Análisi general de les dades*. Barcelona: Generalitat de Catalunya – Direcció General de l'Esport.

Giles-Corti, B. y Donovan, R. J. (2002a). The relative influence of individual, social and physical environment determinants of physical activity. *Social Science & Medicine, 54*, 1793-1812.

Giles-Corti, B. y Donovan, R. J. (2002b). Socioeconomic status differences in recreational physical activity levels and real and perceived access to a supportive physical environment. *Preventive Medicine, 35*, 601-611.

Giles-Corti, B. y Donovan, R. J. (2003). Relative influence of individual, social environmental, and physical environmental correlates of walking. *American Journal of Public Health, 93*, 1583-1589.

Gómez, A. (2003). *El rol del gestor deportivo en los municipios de la Comunidad Valenciana. Pasado, Presente y Futuro.* Servei de Publicacions. Departamento de de Psicobiología y Posicología Social. Universidad de Valencia, Valencia.

Gómez, O. (1994). *El estudio de la demanda deportivo-recreativa: una aproximación teórica desde la óptica del marketing*. En J. I. Barbero González (ed.), *Ciencias Sociales y Deporte* (pp. 87-94). Pamplona: AEISAD.

González, V., Peiró, J. M., Meliá, J. L., Valcárcel, P., Balaguer, I. y Sancerni, M. D. (1989). Variables predictoras de la satisfacción con el uso de instalaciones deportivas. *Anuario de Psicología, 40*(1), 67-88.

Granada, I. (2003). Una apuesta por el liderazgo de los servicios deportivos municipales. En *Actas del 1er Congreso de Gestión Deportiva en Castilla-La Mancha: Reflexiones sobre el Futuro.* Albacete: Consejería de Educación y Cultura. Junta de Comunidades de Castilla-La Mancha.

Green Cost España, G. (2007). *Estrategia Nacional sobre Deporte y Sostenibilidad.* Madrid: Consejo Superior de Deportes.

Gratton, C. (1999). El proyecto COMPASS. *Investigación en Ciencias del Deporte, 24*(127-148).

Gutiérrez-Dávila, M. y Oña, A. (2005). *Metodología en las Ciencias del Deporte*. Madrid: Síntesis.

Hallal, P. C., Victora, C. G., Azevedo, M. R. y Wells, J. C. (2006). Adolescent physical activity and health: a systematic review, *Sports Medicine* 36, 1019-1030.

Hannon, C., Cradock, A., Gortmaker, S. L., Wiecha, J., El Ayadi, A., Keefe, L., *et al.* (2006). Play Across Boston: a community initiative to reduce disparities in access to after-school physical activity programs for inner-city youths. *Prev Chronic Dis*, (accesed: July, 2007) http://www.cdc.gov/pcd/issues/2006/jul/2005_0125.htm

Heinemann, K. (1991). *Tendencias en la investigación social aplicada al deporte*. En VV.AA. *Políticas deportivas e investigación social*. Pamplona: Gobierno de Navarra.

Heinemann, K. (1994). El deporte como consumo. *Stadium, 168*, 31-39.

Heinemann, K. (1995). Tiempo y dinero en el desarrollo del deporte. *Revista Española de Educación Física y Deportes, 2*, 4-11.

Heinemann, K. (1998). *Introducción a la economía del deporte*. Barcelona: Paidotribo.

Hillsdon, M., Panter, J., Foster, C. y Jones, A. (2007). Equitable access to exercise facilities. *American Journal of Preventive Medicine, 32*(6), 506-508.

Hoehner, C. M., Brennan, L. K., Brownson, R. C., Handy, S. L. y Killingsworth, R. (2003). Opportunities for integrating public health and the urban planning approaches to promote active community environments. *American Journal of Health Promotion, 19*(1), 14-20.

Holman, C. D. J. (1997). Measuring the ocurrence of health-promoting interactions within environment. *Australian and New Zealand Journal of Public Health, 21*, 360-364.

Humpel, N., Owen, N., Iverson, D., Leslie, E. y Bauman, A. (2004). Perceived environment attributes, residential location, and walking for particular purposes. *American Journal of Preventive Medicine, 26*, 119-125.

Hunsaker, S. D. (1996). Have a plan before taking the plunge. *Parks and Recreation, 2*, 66-72.

INE. (1968). *Encuesta sobre actividades deportivas.* Madrid: Instituto Nacional de Estadística.

INE. (2006). *España en cifras 2006*. Madrid: Instituto Nacional de Estadística.

Ispizua, M. (1993). *Hábitos deportivos de la población de la comarca de la margen izquierda. Barakaldo, Portugalete, Santurtzi y Sestao.* Bilbao: Gobierno Vasco.

Jones, H. (1989). *The economic impact and importance of sport: a European study. Committee for the Development.* Estrasburgo: Consejo de Europa.

Jones, S. (2001). A level playing field? Sports stadium infrastructure and urban development in the United Kingdom. *Environment a Planning A, 33*(5), 845-861.

Kamphuis, C. B. M., Van Lenthe, F. J., Giskes, K., Brug, J. y Mackenbach, J. P. (2007). Perceived environmental determinants of physical activity and fruit and vegetable consumption among high and low socioeconomic groups in the Netherlands. *Health and Place, 13*, 493-503.

Kolich, M. (2003). Automobile seat comfort: occupant preferences vs. anthropometric accommodation. *Applied Ergonomics, 34*(2), 177-184.

Lagardera, F. (1990). *Una interpretación de la cultura deportiva en torno a los orígenes del deporte contemporáneo en Cataluña.* Barcelona: Universidad de Barcelona. INEFC.

Landaberea, J. A., Camps, A. y Carretero, J. L. (1995). *Jurisprudencia deportiva.* Sevilla: Consejería de Cultura.

Latiesa, M., Martos, P., Paniza, J.L., Gallo, M.A., Delgado, M. y López, J. (2002). *Deporte y calidad de vida en la población adulta. Evaluación de las actividades médico-deportivas del Patronato Municipal de Deportes del Ayuntamiento de Granada.* Centro Nacional de Investigación en Ciencias del Deporte. Ministerio de Educación, Cultura y Deporte.

Lee, Y. K., Park, K. H., Park, D. H., Ah Lee, K. y Kwon, Y. J. (2005). The Relative Impact of Service Quality on Service Value, Customer Satisfaction, and Customer Loyalty in Korean Family Restaurant Context. *International Journal of Hospitality & Tourism Administration, 6*(1), 27-51.

Li, F., Fisher, K. J., Brownson, R. C. y Bosworth, M. (2005). Multilevel modelling of built environment characteristics related to neighbourhood walking activity in older adults. *Journal of Epidemiology and Community Health, 59*, 558-564.

Linenger, J. M., Cheson, C. V. y Nice, D. C. (1991). Physical fitness gains following simple enviromental change. *American Journal of Preventive Medicine, 7*, 298-310.

Lissaverzky, J. (2006). Presentación de la XI Edición de SID Tecnodeporte 2006. [Fecha de consulta: 20 *Agosto,, 2007*]. Disponible en URL: http://www.csd.mec.es/csd/documentacion/01GabPr/02NotHis/noticias-antiguas/lissavetzky-ha-presidido-la-presentacion-de-la-xi-edicion-de-sid-tecnodeporte-2006/

Loret, A. (1993). Les estrategias marketing des centres de mise en forme. *Sport et Management, 13*, 235-247.

Macintyre, S. y Ellaway, A. (1998). Social and local variations in the use of urban neighbourhoods: a case study in Glasgow. *Health and Place, 4*, 91-94.

Mallwitz, A. (1988). Cult and Competition Locations at Olympia. In W. J. Raschke (Ed.), *Olympics* (pp. 38-109). Madison: The University of Wisconsin Press.

Marín-Barnuevo, S. (2006). El ordenamiento jurídico del deporte. En E. Beotas, E. Blanco, J. C. Cubeiro, A. Dorado, L. Gallardo, J. Lozano, D. Marín-Barnuevo, S. Ortega, F. J. Ramírez y A. Senlle (Eds.), *Futuras claves en la Gestión de Organizaciones Deportivas* (pp. 17-32). Cuenca: Universidad de Castilla-La Mancha y Real Federación.

Martínez, M. A., Cuesta, C. E. y De la Fuente, P. (2006). *Una arquitectura para el desarrollo de aplicaciones cooperativas en entornos heterogéneos.* Conferencia presentada en XV Jornadas de Ingeniería del Software y Bases de Datos, Barcelona.

Martínez, R. (1999). *El análisis multivariante en la investigación científica.* Madrid: La Muralla.

Martínez del Castillo, J. (1991). *Las instalaciones deportivas en España.* Madrid: Ministerio de Educación y Ciencia, Consejo Superior de Deportes.

Martínez del Castillo, J. (1992). *Evolución de la demanda de ocios deportivos en medio urbano en España.* Conferencia presentada en España-Francia: Políticas Públicas de Ocios Deportivos, Toulouse.

Martínez del Castillo, J. (1994). Un Modelo de Planificación en las Organizaciones Deportivas Municipales. *Revista Española de Educación Física y Deportes, 1*(1), 27-34.

Martínez del Castillo, J. (1996). Las instalaciones deportivas escolares. En V. García (Eds.) Personalización en la Educación Física (pp. 354-385). Madrid: Rialp.

Martínez del Castillo, J. (1998). *Las Instalaciones Deportivas en España. II Censo Nacional de Instalaciones Deportivas de 1997.* Madrid: Consejo Superior de Deporte. Ministerio de Educación y Ciencia.

Martínez del Castillo, J. y Navarro, C. (1994). Desarrollo socio-económico, deporte y territorio. Análisis factorial de las Comunidades Autónomas en España. En J. I. Barbero González (Ed.), *Ciencias Sociales y Deporte* (pp. 35-48). Pamplona: AEISAD.

Martínez del Castillo, J. y Puig, N. (1998). Espacio y tiempo en el deporte. En M. García Ferrando, N. Puig y F. Lagardera (Eds.), *Sociología del deporte* (pp. 151-177). Madrid: Alianza Editorial.

Martínez del Castillo, J. y Rodríguez, G. (1998). La calidad de los equipamientos deportivos en España. En J. Martínez del Castillo (Eds.) *Deporte y calidad de vida* (pp. 235-245). Madrid: Esteban Sanz.

Martínez-Tur, V., Peiró, J. M. y Tordera, N. (1995). La planificación en la dotación de infraestructuras deportivas. *SEAE-INFO, 32*, 25-30.

Martínez-Tur, V. y Tordera, N. (1995). *Relaciones entre la gestión de instalaciones deportivas y la satisfacción de los usuarios.* Valencia: Nau Llibres.

Martínez-Tur, V., Tordera, N. y Ramos, M. A. (1996). Aspectos psicosociales del uso de instalaciones deportivas: Estudio de actitudes, conductas y satisfacción de los usuarios. *Revista de Psicología Social Aplicada, 6 (2)*, 65-96.

Mattocks, C., Leary, S., Ness, A. Deere, K., Saunders, J., Kirkby, J., *et al.* (2007). Intraindividual Variation of Objectively Measured Physical Activity in Children, *Medicine and Science in Sports and Exercise* 39.4, 622-629.

MEC. (2006). *Las cifras de la Educación en España: estadísticas e indicadores, 2006.* Madrid: Ministerio de Educación y Ciencia. Subdirección General de Información y Publicaciones.

Merino, A. (2001). Las corporaciones locales, el empleo y los gestores del deporte. *Revista Española de Educación Física y Deportes, 8*, 15-21.

Metcalfe, A. (1993). The development of sporting facilities: A case study of East Northumberland England, 1958-1914. *International Review for the Sociology of Sport, 28*(1), 107-120.

Montes, V. (1999). Las leyes del deporte de las Comunidades Autónomas. En VV.AA. (Ed.), *Manual de la organización institucional del deporte* (pp. 77-86). Madrid: Paidotribo.

Montgomery, D. C. (1991). *Control Estadístico de la Calidad.* México: Grupo Editorial Iberoamericana.

Morales, A. (2006). *Censo Nacional de Instalaciones Deportivas 2005. Canarias.* Madrid: Consejo Superior de Deportes. Ministerio de Educación y Ciencia.

Moreno, C. (1992). *Una nueva realidad social en España: el deporte para todos.* Conferencia presentada en Municipio a su fomento y desarrollo, Sistema.

Moreno, J. A. (1997). *Relación oferta-demanda de las instalaciones acuáticas cubiertas: bases para un programa motor de actividades acuáticas educativas.* Facultad de Psicología, Universitat de Valencia, Valencia.

Mündermann, A., Stefanyshyn, D. J. y Nigg, B. M. (2001). Relationship between footwear comfort of shoe inserts and anthropometric and sensory factors. *Medicine and Science in Sports and Exercise, 33*(11), 1939-1945.

Nemery, B., Hoet, P. H. M. y Nowak, D. (2002). Indoor swimming pools, water chlorination and respiratory health. *European Respiratory Journal, 19*, 790-793.

NIDE. (1980). *Normativa sobre Instalaciones Deportivas y para el Esparcimiento.* Madrid: Ministerio de Cultura. Consejo Superior de Deportes.

Norton, R. K. (2007). Planning for School Facilities. School Board Decision Making and Local Coordination in Michigan. *Journal of Planning Education and Research, 26*(4), 478-496.

Olivera, J. y Olivera, A. (1995). La crisis de la modernidad y el advenimiento de la posmodernidad: el deporte y las prácticas físicas alternativas en el tiempo de ocio activo. *Apunts de Educación Física y Deportes, 41*, 10-29.

Oña, A. (2003). *La investigación en las Ciencias de la Actividad Física y el Deporte. Lugar de la gestión.* Actas del 1er Congreso de Gestión Deportiva en Castilla-La Mancha: Reflexiones sobre el Futuro. Albacete: Consejería de Educación y Cultura. Junta de Comunidades de Castilla-La Mancha.

Otero, J. M. (2000). *Estudio socioeconómico del deporte en Andalucía 1998-1999.* Sevilla: Consejería de Turismo y Deporte. Junta de Andalucía.

Otero, J. M. (Dir.) (2002). *Incidencia Económica del Deporte*. Málaga Junta de Andalucía. Consejería de Turismo y Deporte.

Palomar, A. (2003). *Modelos europeos del deporte.* Actas del Congreso Internacional Andalucía, Tierra del Deporte.

Palomar, A. (2006). *El marco jurídico del deporte.* Conferencia presentada en II Máster en Gestión de Organizaciones Deportivas, Módulo 1 "Ordenación Jurídica del Deporte", Las Rozas.

Parasuraman, A., Zeithaml, V. A. y Berry, L. L. (1985). A Conceptual Model of Service Quality and Implications for Further Research. *Journal of Marketing, 49*, 41-50.

París, F. (1996). El impacto económico del deporte, *Temas, 23*, 29-32.

París, F. (1997). *Gestión de deporte municipal. Islas Canarias*. Canarias: Escuela Canaria del Deporte.

Parks, S. E., Houseman, R. A. y Brownson, R. C. (2003). Differential correlates of physical activity in urban and rural adults of various socioeconomic backgrounds in the United States. *Journal of Epidemiology and Community Health, 57*, 29-35.

Pascual, C., Regidor, E., Astasio, P., Ortega, P., Navarro, P. y Dominguez, V. (2007). The association of current and sustained area-based adverse socioeconomic environment with physical inactivity. *Social Science & Medicine, 65*, 454-466.

Pedrosa, R. y Fernández-Abascal, H. (2000). *El impacto económico del deporte en Castilla y León*. Consejería de Educación y Cultura, Junta de Castilla y León.

Peiró, J. M. (1987a). *Estudio psicosocial de la demanda y uso de las instalaciones deportivas en la Comunidad Valenciana (I).* Valencia: Consellería de Cultura, Educación y Ciencia.

Peiró, J. M. (1987b). *Estudio psicosocial de la demanda y uso de las instalaciones deportivas en la Comunidad Valenciana (II).* Valencia: Consellería de Cultura, Educación y Ciencia.

Peiró, J. M. y Ramos, J. (1993). *Gestión de instalaciones deportivas*. Valencia: NAU Llibres.

Pfister, G. (2006). *Sport in the New Europe.* Conferencia presentada en Europadebatmøde 2006 "Idræt i det nye Europa", Copenhague: Denmark.

Pi, P. (1995). ¿La investigación ayuda a transformar la realidad? *SEAE-INFO, 29*, 25-34.

Pigeassou, C. y Miranda, J. (1995). Deporte y Ocio: evolución y tendencias. *Revista Española de Educación Física y Deportes, 1*, 5-14.

REFERENCIAS BIBLIOGRÁFICAS

Prieto, D. (1998). Los estudios de satisfacción de usuarios en la gestión de equipamientos deportivos. *Agua y Gestión, 49*, 39-44.

Puig, N. (1994). Tendencias del espacio deportivo contemporáneo. *Apunts de Educación Física y Deportes, 37*, 42-48.

Puig, N. (1998). *Individualización, diferencia y calidad de vida en el deporte*. En J. Martínez del Castillo (Eds.), *Deporte y calidad de vida* (pp. 19-36). Madrid: Librerías Deportivas Esteban Sanz.

Puig, N. y Blázquez, D. (1990). *El futuro del deporte: El deporte en el año 2000*. En VV.AA., *La Población Navarra ante el Hecho Deportivo* (pp. 85-95). Pamplona: Gobierno de Navarra, Departamento de Educación, Cultura y Deporte.

Puig, N. y Heinemann, K. (1991). El deporte en la perspectiva del año 2000. *Revista de Sociología, 38*, 123-141.

Rahman, M. M. (2004). Regionalization of Urbanization and Spatial Development: Planning Regions in Bangladesh. *The Journal of Geo-Environment, 4*, 31-46.

Ramírez de Arellano, B. (2003). *Análisis de los Sistemas Deportivos Locales*. Conferencia presentada en Jornadas sobre instrumentos de análisis para la planificación del deporte en áreas locales, Málaga: Instituto Andaluz del Deporte.

Ramiro, J. (2003). Acciones I+D en materia de gestión deportiva. En *Actas del 1er Congreso de Gestión Deportiva en Castilla-La Mancha: Reflexiones sobre el Futuro* (pp. 101-104). Toledo: Consejería de Educación y Cultura. Junta de Comunidades de Castilla-La Mancha.

Rapún, M. (2003). *Impacto del deporte en la economía Navarra*. Pamplona: Departamento de Bienestar Social, Deporte y Juventud, Gobierno de Navarra.

Real, G. (1991). *Derecho público del deporte*. Madrid: Cívitas.

Reding, V. (2002). *Informe de la Comisión Europea sobre el deporte*. Conferencia presentada en XI Foro Europeo del Deporte de los Ministros de Deportes de la Unión Europea, Aarhus: Comisión Europea.

Redondo, J. C. (1997). Planificación y Control de eventos deportivos. Aplicación del gráfico de Gantt. *Agua y Gestión, 40*, 43-45.

Rittner, V. (1994). *Sociología del Ocio y del Tiempo Libre en las sociedades modernas*. Conferencia presentada en Curso de Especialización en Ocio y Recreación Deportiva. Madrid: Instituto Nacional de Educación Física.

Rodríguez, G. (1997). La heterogeneización del deporte y su influencia sobre las instalaciones deportivas y su gestión. *Revista Española de Educación Física y Deportes, 4*(2), 13-18.

Rodríguez, G. (2001). *La profundidad de los vasos polivalentes cubiertos: una respuesta a las diferentes demandas y un factor de ahorro en la gestión*. Instituto Nacional de Educación Física, Universidad Politécnica de Madrid, Madrid.

Rodríguez, G. y Barriopedro, M. I. (2003). Niveles de satisfacción en usuario de piscinas cubiertas con la profundización del vaso utilizado. *Revista de Psicología del Deporte, 12*(2), 147-164.

Rodríguez, G., Mayorga, J. I., Merino, A. Garrido, M. y Fernández, M. (2005). *Hábitos deportivos de la población de la Comunidad de Madrid 2005*. Madrid: Dirección General de Deportes, Consejería de Cultura y Deportes de la Comunidad de Madrid.

Rossi, B. (1979). *Un programa locale per lo sviluppo dello sport*. Quadern: dello Sport, 12. Roma: CONI. Traducido y publicado en España por INEFC, AETIDE Y CEUMT por Andrés, F. y Puig, N. Barcelona. 1981.

Ruiz, J. F. (2000). *Derecho del deporte*. Madrid: Tecnos.

Sallis, J. F., Bauman, A. y Pratt, M. (1998). Environmental and policy interventions to promote physical activity. *American Journal of Preventive Medicine, 15*, 379-397.

Sallis, J. F., Hovell, M. F. y Hofstetter, C. R. (1992). Predictors of adoption and maintenance of vigorous physical activity in men and women. *Preventive Medicine, 21*, 237-251.

Sallis, J. F., Johnson, M. F., Calfas, K. J., Caparosa, S. y Nichols, J. F. (1997). Assessing perceived physical environ-mental variables that may influence physical activity. *Research Quarterly for Exercise and Sport, 68*, 345-351.

Sallis, J. F. y Owen, N. (1996). *Ecological models* Conferencia presentada en K. Glanz, F. M. Lewis, y B. K. Rimer (Eds), Health Behaviour and health education: Theory, research, and practice (2 ed.), San Francisco.

Sallis, J. F. y Owen, N. (1998). *Physical activity and behavioural medicine*. Thousand Oaks, CA: SAGE.

Sánchez Bañuelos, F., Martín del Burgo, F. J. y Dorado, A. (2003). *La práctica de la actividad física y el deporte en Castilla-La Mancha*. Toledo: Consejería de Cultura. Junta de Comunidades de Castilla-La Mancha.

Schmid, T. L., Pratt, M. y Howze, E. (1995). Policy as intervention: environmental and policy approaches to the prevention of cardiovascular disease. *American Journal of Public Health, 85*, 1207-1211.

Segarra, E. (2007). *Censo Nacional de las Instalaciones Deportivas 2005. Región de Murcia*. Madrid: Consejo superior de Deportes. Ministerio de Educación y Ciencia.

Senlle, A., Gallardo, L. y Dorado, A. (2004). *Calidad en las organizaciones deportivas*. Barcelona: Gestión 2000.

Serrano, J. A. (1992). Una concepción social del deporte. El deporte para todos. *Apunts de Educació Física i Esports, 29*, 18-30.

Sesé, A., Palmer, A. L., Cajal, B., Montano, J. J., Jimenez, R. y Llorens, N. (2002). Occupational Safety and Health in Spain. *Journal of Safety Research, 33*(4), 511-525.

Sooman, A. y Macintyre, S. (1995). Health and perception of the local environment in socially contrasting neighbourhoods in Glasgow. *Health and Place, 1*, 15-26.

Sproston, K. y Primatesta, P. (2003). *Health Survey for England 2003*. London: Department of Health.

Stahl, T., Rütten, A., Nutbeam, D., Bauman, A., Kannas, L., Abel, T., *et al.* (2001). The importance of the social environment for physically active lifestyle-results from an international study. *Social Science and Medicine, 52*, 1-10.

Steffen, L. M., Arnett, D. K., Blackburn, H., Shah, S., Armstrong, C., Luepker, R. V., *et al.* (2006). Population Trends in Leisure-Time Physical Activity: Minnesota Heart Survey, 1980-2000. *Medicine and Science in Sports and Exercise, 38*(10), 1716-1723.

Stokols, D. (1996). Translating social ecological theory into guidelines for community health promotion. *American Journal Health Promotion, 10*(4), 282–298.

Stone, E. J., Mckenzie, T. L., Welk, G. J. y Booth, M. L. (1998). Effects of physical activity interventions in youth review and synthesis. *American Journal of Preventive Medicine, 15*, 298-314.

Strong, W., Malina, R., Blimkie, C., Daniels, S., Dishman, R., Gutin, B., *et al.* (2005). Evidence Based Physical Activity for School-age Youth. *The Journal of Pediatrics, 146*(6), 732-737.

Tabuenca, A. (1994). Las actividades de ocio en los clubs deportivos. *SEAE-INFO, 26*, 23-27.

Takano, T., Nakamura, K. y Watanabe, M. (2002). Urban residential environments and senior citizens' longevity in megacity areas: The importance of walkable green spaces. *Journal Epidemiology and Community Health, 56*, 913–918.

Teruelo, B. (2000). *Situación del deporte municipal en Euskadi Análisis y perspectivas.* Conferencia presentada en III encuentro andaluz sobre el deporte municipal, Sevilla.

Teruelo, B. (2002). *Situación del deporte municipal en Euskadi: Análisis y perspectivas.* Conferencia presentada en Encuentro de deporte regional: Deporte y Municipio. Cuenca: Junta de Comunidades de Castilla-La Mancha. Consejería de Educación y Cultura.

Thomas, J., Nelson, J. y Silverman, S. (2005). *Research methods in physical activity* (5 ed.). Champaign, IL: Human Kinetics.

Trianti-Stourna, E., Spyropoulou, K., Theofylaktos, C., Droutsa, K., Balaras, C. A., Santamouris, M., *et al.* (1998). Energy conservation strategies for sports centers: Part B. Swimming pools. *Energy and Buildings, 27*, 123-135.

Tsou, K.-W., Hung, Y.-T. y Chang, Y.-L. (2005). An accessibility-based integrated measure of relative spatial equity in urban public facilities. *Cities, 22*(6), 424-435.

US Bureau of the Census. (1995). *Statistical abstract of the United States: 1995* (115 ed.). Washington, DC: US Bureau of the Census.

Van Lenthe, F. J., Brug, J. y Mackenbach, J. P. (2005). Neighbourhood inequalities in physical inactivity: the role of neighbourhood attractiveness, proximity to local facilities and safety in the Netherlands. *Social Science and Medicine, 60*, 763–775.

Van Weeghel, J. y Kroon, H. (2004). Profiling rehabilitation research perceptions of stakeholders. *The European Journal of Psychiatry, 18*(2), 73-82.

Varo, J. J., Martínez-González, M. A., De Irala-Estévez, J., Kearney, J., Gibney, M. y Martínez, J. A. (2003). Distribution and determinants of sedentary lifestyles in the European Union. *International Journal of Epidemiology, 32*, 138-146.

Vaz de Almeida, M. D., Graça, P., Afonso, C., D'Amicis, A., Lappalainen, R. y Damkjaer, S. (1999). Physical activity levels and body weight in a nationally representative sample in the EU. *Public Health Nutrition, 2 (1a)*, 105-113.

Vázquez, B. (1993). *Actitudes y prácticas deportivas de las mujeres españolas.* Madrid: Ministerio de Asuntos Sociales – Instituto de la Mujer.

Vázquez, J. (1998). La gestión de las instalaciones deportivas en función de su diseño arquitectónico. *Agua y Gestión, 44*, 38-44.

Viñeta, B. y Rebolleda, A. (1996). *El mantenimient de les installacions esportives.* Barcelona: Diputación de Barcelona.

Wendel-Vos, G. C., Schuit, A. J., Boshuizen, H. C., Saris, W. H. y Kromhout, D. (2004). Factors of the physical environment associated with walking and bicycling. *Medicine and Science in Sports and Exercise, 36*, 725–730

Wendel-Vos, W., Droomers, M., Kremers, S., Brug, J. y Van Lenthe, F. J. (2007). Potential environmental determinants of physical activity in adults: a systematic review. *Obesity Reviews, 8*(5), 425-440.

Wilson, D. K., Kirtland, K. A., Ainsworth, B. E. y Addy, C. L. (2004). Socioeconomic status and perceptions of access and safety for physical activity. *Annals of Behavioral Medicine, 28*, 20-28.

Wolsink, M. (2004). Policy beliefs in spatial decisions: contrasting core beliefs concerning space-making for waste infrastructure. *Urban Studies, 41*(13), 2669-2690.

Yngve, A., Sjostrom, M., Warm, D., Margetts, B., Rodrigo, C. y Nissinen, A. (1999). Effective promotion of healthy nutrition and physical activity in Europe requires skilled and competent people; European Master's Programme in Public Health. *Public Health Nutrition, 2*, 449-452.

Zambrana, M. (2005). *Historia y breve evolución del deporte en España.* Madrid: Círculo de gestores deportivos de Madrid.

www.ingramcontent.com/pod-product-compliance
Ingram Content Group UK Ltd.
Pitfield, Milton Keynes, MK11 3LW, UK
UKHW020130250726
13967UKWH00002B/566